走向成功的心理測驗

100 個開發潛能的成功訓練

茂華◎編著

晨星出版

「你知道如何以一個人的筆跡判斷他的為人？」

「你知道如何以一個人的酒醉行為診斷他的性格？」

「你知道如何以一個人的日常生活細節，舉止了解他的人際關係？」

「你知道該如何擬出最適合你的生活及工作計劃？」

「你知道如何以沒有窗戶的家中透析自己內心的思緒？」

《走向成功的心理測驗》是一本讓你在智慧又有趣的心理測驗中，藉由圖文，使你於繁忙的工作後以休閒的遊戲方式學習，了解自己和他人，知己知彼，無往不利。

《走向成功的心理測驗》首次以心理學的角度，把卡內基的成功之道結合在一起。以最簡單、最生動的幽默圖文詮釋了心理疾病、人格障礙和習慣性不良行為等因素對人類智力發展的困擾，並且在一系列的診斷與解說遊戲中告訴我們如何保持健康的心理，健全的人格和成熟的心態。以充分發揮人的潛能；為人們進行心理診斷、治療與矯正，以及自我調適，並且提供了一系列完整、實用、有

趣、輕鬆的心智鍛練方法。

　　我們希望讀者在繁忙的現代生活中，以娛樂、輕鬆的心情瀏覽本書的同時，能擁有審視自己的片刻，並正視自己的潛意識或隱藏的衝動……希望你在本書中發現一個嶄新的自己。

　　讓我們藉由圖畫，在一系列心理遊戲測驗中，找尋內心深處的秘密！

在心理遊戲中了解自己和他人

知己知彼，無往不利

010101000101011101010

前言/1

PART 1
人性的優點

PART 2
人性的弱點

CONTENTS

PART 5
自卑的超越

PART 6
洞察人性的能力

CONTENTS

PART7
人際關係通用技巧

PART 8
贏得支持、合作與幫助

CONTENTS

PART 9
成功的祕訣

PART 10
成功的感情生活

CONTENTS

PART 1 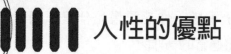 人性的優點

人生就是奮鬥，自己才是最大的成功基礎。付出你的時間和努力，目標使你夢想成真。不要為貧窮所困擾，改掉憂慮的習慣，要懂得體諒別人，懂得自我克制，把握人生。

—— 戴爾·卡內基

結合卡內基「人性的優點」，通過這一部分的心理測驗題，我們可以了解到你對人的體諒度，你隱藏在心中的期望與不安，你怎麼了解對方？你是個有計劃的人嗎？……經過這些有趣而輕鬆的測試，我們將告訴你一條「卡內基」的成功之路。

<<<<<<

Q1 等候電梯

　　有四個人一同等候電梯,稍後電梯門打開,卻有一個人沒坐上這班電梯,你想這會是什麼原因呢?請以A、B、C中選出適當的一項。

　　A 因為電梯客滿
　　B 有討厭的人在裡面,所以故意錯過
　　C 等人

A1 你是個體貼的人嗎？

　　這是一個極簡單的測驗，但有助於你了解自己是不是一個很會體諒別人的人！

選擇 A 的人

　　能抑制自己的感情，不會任意耍性子，即使對方無理，也會按捺住性子不發脾氣。

選擇 B 的人

　　喜怒易形於色的人，對於喜歡的人往往能和言悅色的與其相處，但情緒一不對勁就會立刻板起一張面孔，特別是此類女性易歇斯底里，更是讓人不敢領教。

選擇 C 的人

　　屬於理智型的人物，往往能選擇有利自己的朋友與其交往，但也相當能顧慮到別人的立場。

Q2 色彩

　　現在十分流行根據對色彩的喜好判斷性格的測驗，由
這項測驗中可以了解一個人對異性的態度和日常生活的習
性。

　　然對色彩的喜惡往往能反映人類內心所隱藏的願望。

　　這裡有八種顏色，先比較看看，再按你不喜歡的顏色
依順序排列出來。

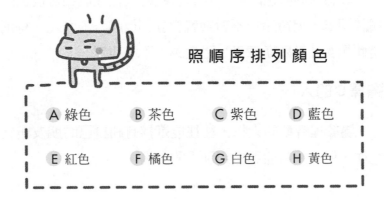

照 順 序 排 列 顏 色

Ⓐ 綠色　　　Ⓑ 茶色　　　Ⓒ 紫色　　　Ⓓ 藍色

Ⓔ 紅色　　　Ⓕ 橘色　　　Ⓖ 白色　　　Ⓗ 黃色

A 2　你了解對方嗎？

你所排列的顏色順序是如何呢？排列第八的顏色有助於了解你的性格和目前的心態。不過值得注意的是不要和服裝顏色的喜好混為一談。

將A的綠色排列為第8的人

「紅」和「藍」的中間顏色，喜歡綠色的人性格也屬於這兩者之間，有時做事相當積極，有時卻慢條斯理。

整體而言，這類型的人是相當有智慧且理性的人，凡事有自己的主見，不會感情用事，所以能贏得多數人的信賴。

將B的茶色排列為第8的人

茶色是樸素而略帶深度的顏色，喜歡茶色的人，對服裝方面則偏好有韻味，但不華麗的服裝，對一般事物則著重內部所蘊含的精神。

初次跟你接觸的人並不會太重視你，但經過一段時間的相處，會被你的責任心及誠意感動。

你做事相當努力、認真，唯一的缺點是缺乏臨機應變的能力，一目了然的事，往往考慮過於周密。

將 C 的紫色排列為第 8 的人

紫色是將紅和藍兩種極端顏色混合在一起，略帶複雜、神秘的顏色。

許多藝術家都喜歡紫色，這類型的人往往渴望自己的才能被世人認可，有時又不免暴露出一些虛榮心，對待知心的朋友相當坦率，但有時會無端地發發小脾氣。

將 D 的藍色排列為第 8 的人

藍色為天空和海洋的顏色，象徵冷靜和浪漫，看到一片蔚藍的顏色，往往能帶給我們無限的遐想。

喜歡藍色的女性感情特別敏感且豐富，極害怕一個人獨處，與其愛人更渴望被人愛，坦率的個性頗得人緣。

將 E 的紅色排列為第 8 的人

紅色代表充沛的精力和體力，紅色的食物和材料往往有助於元氣的恢復。

喜歡紅色的人個性相當積極，意志力堅強，凡事都會先擬好計劃，縱使困難也毫不畏縮退怯，是屬於愈挫愈勇型。

將 F 的橘色排列為第 8 的人

喜歡橘色的人極擅於交際，適合從事推銷員、空姐、

女服務生等工作，因這類型喜歡嘗試新奇的事物，對人生總是充滿新奇的興趣與幻想。

將 G 的白色排列為第 8 的人

白色象徵純潔，也代表神和理想，喜歡白色的人，大都不會明白表現自己的感情，初次見面不會對別人造成太深刻的印象，但堅持自己、誠實、責任感強卻是你最大的優點。

將 H 的黃色排列為第 8 的人

黃色是象徵光明的顏色，喜歡黃色的人，大都充滿正義感，熱情而率真的性格，嫉惡如仇，樂於助人，但有時會因太衝動雞婆而令人厭煩，是個充滿陽光性格的人。

Q3 你如何裝飾自己的房間？

現在，你站在一間沒有任何裝飾的房間裡。你剛剛搬到此地，這間房子裡除了你別無他物。因此，你決定在牆上裝飾點東西。你走到街上，看到照片、掛曆、畫、掛鐘，每一樣都十分精美。

你會選哪一件裝飾這間房子呢？

照片

畫

掛曆

掛鐘

A3　你是個有計劃性的人嗎？

選照片的人

　　希望發生戲劇化的「事件」。你對每件事都充滿好奇，但大多數時很在意別人的眼光，所以常流於追逐時尚。你容易衝動，沒有耐性，與「計劃」一詞無緣。

選擇掛曆的人

　　你比較虛榮、貪心。行為舉止往往不修飾，做事衝動不顧危險。既不按計劃行事，也沒有實際操作的經驗。由於貪心作祟，制定出來的計劃統統是不切實際的。

選擇畫的人

　　缺乏現實觀念。即便開始做一件事，由於沒有什麼計劃能力，在希望與現實之間是有差距的。實現願望的行動力總是不夠，但有時卻又能如願。

選擇鐘的人

　　你是在做某事前，一定要詳細計劃的那種人，若不這樣就會覺得不放心。因此，當你行動時，已有相當成熟的計劃。就連買一件衣服，也必先確定膚色及衣服的顏色、款式、價格。不過，在處理突發事件上往往缺乏靈活性。

Q4 避暑勝地一日遊你會去哪裡？

　　今年夏天，你和朋友決定去避暑勝地遊玩七天。兩人帶著對夏季浪漫假期的渴望，精神抖擻地下車。

　　「先把行李放在旅館，然後輕輕鬆鬆遊覽附近的名勝吧！」你說。

　　「ＯＫ，就這麼辦！」

　　附近有六處名勝。

　　森林・湖泊・夏令營地・山峰・瀑布・西洋古堡

　　以時間上考慮，今天只能觀光兩處。

　　在愉快的第一天假期，你想先遊覽哪些名勝呢？

　　第一處……（　　　　　　　　）

　　第二處……（　　　　　　　　）

A 4 隱藏在心中的期望與不安。

你選中的第一個場所，隱藏著你的願望和不安。

森林

你正處在安定的精神狀態之中。希望與人平和、安靜地交談。

湖泊

你希望融入感傷的情緒裡。

夏令營地

不管是男人還是女人，只要沒有情人，都會發狂地想：「我需要情人！」你常給人堅毅、奮發進取的印象，但內心卻波濤起伏。

山峰

你長期精神壓抑、焦躁。想傷害他人，呈現攻擊欲望。表面上是理智的現實主義者，但發言時多屬批評性的論調，這是由於不願暴露自己內心的緣故。

瀑布

你好奇心旺盛、富有活力。熱切渴望去了解、經歷更多的事。幹勁十足，但多意氣用事、略有不滿性格。

西洋古堡

你強烈地嚮往得到社會地位。富創造力、想像力，希望展現自己的欲求。爲人浪漫，志向高遠。

第二個想去的地方表示對不遠的將來感到不安。

森林、湖泊

有強烈的不安感。有所期待，但對前景無法判斷，處在不知如何應對的心境。

山峰、夏令營地

你正處在將要放奔的境地。如果加緊努力，便看清它的結果，因此不要輕言放棄。

瀑布、西洋古堡

有渴望實現幻想的意願，內心渴望積極地付諸行動，沒有任何不安。

Q5 你怎樣藏東西？

你擁有只有你才知道的秘密藏東西的地點嗎？

「藏東西」這個行動會毫無保留地暴露人的本質。有的人太注意藏東西的地方，反而經常忘掉藏在何處；有人往往不小心就弄丟了……。

藏東西的地方人人不同，你會藏在哪裡呢？

【鑰匙】　公寓的鑰匙在哪裡？出乎意料的是，大家藏的地方往往都一樣。

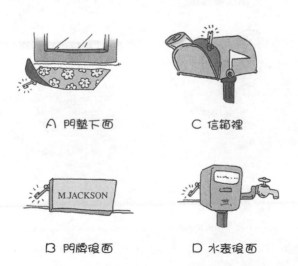

A 門墊下面　　　　C 信箱裡

B 門牌後面　　　　D 水表後面

【獎券】 「哇！我中了頭獎！」怎麼辦？如果是你，你會
把它藏在哪裡呢？

A 塞在米缸裡

C 夾在書裡

B 藏在掛鐘裡

D 放在抽屜裡

A 5 你守得住秘密嗎？

將鑰匙與獎卷圖中選出的答案，對照下表即可得知你的答案。

🦋	獎		券	
鑰		A	B	C	D
	A	II	I	II	I
	B	I	II	IV	V
匙	C	II	IV	V	III
	D	I	V	III	III

I 型

其實你不善於保守秘密。你希望藏住許多秘密，可是立刻就會流露在臉上。索性什麼也不遮掩，光明正大地亮出來更好。

II型

心不在焉、悠然自得的人。本人想保密，可是經常十分可愛地透露給周圍的人。

III型

表情高深莫測的人。沒有什麼可隱藏的事，卻常常被人認爲：「這傢伙是不是有什麼瞞著我？」喜歡玩隱藏的遊戲。

IV型

健忘型的人，所以你不能藏重要的東西。「哎呀！那東西放到哪裡去了？然後，自己藏的東西還要自己絞盡腦汁想辦法找出來。

V型

往往記得東西藏在垃圾桶裡，但總是在倒垃圾時一起倒掉了。是過度注重細節面容易失大局的人，屬於做事不夠周全的人。

Q6 偷窺狂來了

被人看到赤裸的身體後，你會……

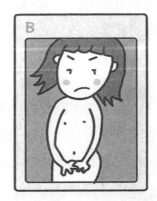

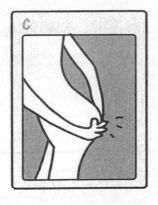

A6 遮哪裡？哪裡又可以不在乎呢？

A 直爽型

滿不在乎的現代派。不太會對過去的事愁眉不展，經常擁有新鮮的魅力。常給人朝氣蓬勃、親切可人的印象，因此時常有異性愛慕。

B 沈靜型

穩重的人，喜歡安靜。被偷看後很害怕，但在那一瞬間只會啞然呆立著。性道德觀強烈，不會水性楊花，不易受人誘惑，會客氣的婉拒。

C 古怪型

具有神奇魅力的人。他的行為怪異、思路雜亂無章，哪怕是做一件小事也常會令你大呼：「這是怎麼搞的？」與美麗的外表不一致。

D 開朗型

開放的人，積極從事與自己有關的活動。個性好勝，大家都覺得「惹惱了他可不得了呀！」了解自己的魅力，不遮掩缺點，並使之成為自己的武器。

Q7 發生在街頭的事件

　　你走在街上，看到對面黑壓壓地擠著一群人，他們正朝向天上看什麼。「這是怎麼回事？」你一邊想，一邊也抬頭向上，可是什麼也看不見。人群越聚越多。你會：

A 也走過去，和大家一樣抬頭向上看看發生了什麼事。

B 視而不見地走過。

C 匆匆看一眼，然後向你旁邊的人問「發生什麼事了？」

A 7 你擁有旺盛的好奇心嗎？

學著米勒格拉姆曾做過這樣的實驗：站在紐約的大街上，向對面的六樓仰望一分鐘後，再登上六樓觀察行人通過時有什麼樣的反應。

結果，如果行人中有五個人以上會抬頭仰望大樓，而且有八成的行人都會停下來一起朝樓上看。

選A的人

和大家一起抬頭向上看的人，無疑地你是被巧妙地引入實驗中去了。你好奇心強，有那種「愛看熱鬧」的性格，很容易成為街頭推銷員的獵物。

選B的人

你正處於對外界漠不關心的狀態。你最關心的總是與自身相關的事物，除此之外全都視而不見。建議你偶爾不妨把自己的事放下來，關心一下周圍的情況。

選C的人

做什麼事均是適可而止，絕不會執迷不悟。如果是自己感興趣的事，就會按自己的方式尋根探源，小心謹慎，人云亦云。

Q8 在公園裡遊玩

假裝你是個五歲的小朋友。今天天氣很晴朗，你把玩具和小鐵鏟裝到小桶裡，到你家附近的公園玩。公園裡有幾位你的小玩伴正在那裡玩。

1 你到了公園，會先玩什麼遊戲呢？

　　a 溜滑梯　　b 玩砂子　　c 盪鞦韆

2「我們一起玩好嗎？」你的玩伴來叫你。你要玩什麼遊戲呢？

　　a 捉迷藏　　b 捉鬼　　c 玩不倒翁

3 大家玩得高興時，孩子中的小霸王來了！他向其他的孩子要玩具，你會：

　　a 自己也把玩具給他

　　b 拿起玩具趕快溜掉

　　c 把玩具藏起來。如果被找出來的話，就和他拼了。

4 藏好玩具之後，你又開始和玩伴們玩起來。接下來你玩什麼遊戲呢？

a 攀登架　　b 單槓　　c 翹翹板

5 天快黑了，你必須和玩伴們說再見了。雖然知道媽媽會不放心，可是你很想繼續玩。

　　a 大家都沒走，你還要繼續玩

　　b 整理好東西，趕快回家

　　c 即使只剩下自己一個人，也還想繼續玩

A 8 你是否能奮戰到底？

得分數

總計：0～4　　A類

　　　5～10　　B類

　　　11～15　　C類

	a	b	c
1	3	0	1
2	1	3	0
3	3	1	0
4	3	0	1
5	3	1	0

A 類

該拚的時刻必定力拚到底，即使是孤軍奮戰，明知必敗無疑也定要以身相搏，與對手勢不兩立。這種人平時廉恭禮讓，不過一旦惱怒就會變成極可怕的人。但你不會自己惹事生非。

B 類

了不起的聰明人。你若是與人衝突的話，準是在有99％的勝算的時候。但是性情溫和的你，總是恐懼與人衝突，而往往事前掉轉槍口。「君子不近危」是你的座右銘，從旁人角度觀察，你異常瀟灑。恐怕不會有人想與溫文的你相鬥。

C 類

你與人衝突的目的，往往是要戰勝對方，因此往往仗著人多勢眾。你會去煽動別人，以數量上的優勢衝擊對方。你的目的是壓倒對方，其實你並無心於衝突的本身。由於你是個博愛主義者，眼看對方快招架不住，你就會想立即停止，但往往會欲罷不能，無法抽身。

Q9 宿醉的清晨

請閱讀下文,並選擇適合你的項目。

一、昨日豪飲一番後,今早酒醉貪睡。睜眼醒來的時候,時間已經過了十一點。糟糕,今天約好和K中午見面的。

a 反正已經來不及了。

b 趕一下也許還來得及。

c 給K打個電話告訴他晚一點到。

想過以後,才從被窩裡爬起來。陽光耀眼,頭很痛,又是個微醉之晨。

二、昨晚真的喝太多了。其實,喝酒的原因是聽說H小姐有了男朋友這件令人吃驚的消息。而且聽說她的男友是R,真是令人沮喪。

a 總有一天會清醒的。

b 這個女人?管她呢!

c 寫上向她表露心跡,也許會時來運轉。

三、電話響了。是K打來的:「對不起,我睡過頭

了，我現在就要出門了，會晚三十分鐘到。」

　　K沒有覺察，我也是一樣。我拿起上衣走出家門，而我家旁邊的鐵路柵欄老是不升起來。我：

　　a　迷迷糊糊地等待柵欄升起。

　　b　我看見有人正強行通過，於是我也跟進。

　　c　我固執起來，偏要等到柵欄升上來。

A 9 你是急驚風，還是慢郎中？

得分數：

總計：0～4 A類
　　　5～9 B類
　　　10～15 C類

	a	b	c
第1題	1	0	5
第2題	5	0	1
第3題	1	5	5

A 關不住的急性子類型

你是個大忙人，是那種安定不下來的人。這種不專注的性格恐怕是在孩提時代就沒有糾正過來。總是抱著「與其等待，不如向前」的心態。是個追求新鮮事物的人。

B 徒然浪費時間的類型

你是個沒有時間觀念的人。不擅於按照時間表行動，無法自覺自己所處的現實存在問題，反正是日出日落，一天過一天而已。

C 　執著一事的類型

你一旦決心等待，就會等到底。善於忍耐，而且相當頑固。性格倔強，不肯流露自己脆弱的一面，但常常暗地裡以淚洗面。奉勸你一味的等待，只會使機會徒然流走。

Q10 你喜歡哪些圖形？

得分表

●總計得分數

	a	b
1	0	3
2	0	3
3	3	0
4	0	3

0～3分　A

4～9分　B

10～12分　C

A10 你的靈敏度

　　感覺是辨識事物特殊本質的微妙感觸。人們常說感覺是天生的才能，但事實未必如此。無論天生擁有多麼敏銳的感覺，如果不去發揮，仍然會變得遲鈍。你的生活狀態本身就說明了你的靈感狀況。

A 重視正統派

　　重視常識與常規的類型。你選購家具和汽車、電器產品時，往往選擇耐用、耐看，設計四平八穩的產品。你雖有靈活的一面，但是頑固的時候居多。因為如此，一旦對人敞開心扉，就會徹底信任，受人信任就不會背信忘義。

B 重視自然派

　　順其自然，不過分烘托，也不刻意裝飾的類型。你外表不引人注目，但隨著交往的加深，顯露出值得玩味的個性。憧憬異想天開的事物，不被流行所左右，也不被俗套所束縛，總是想自由自在地活著，探尋自己潛在的才能。

C 重視個性派

　　注重自我感覺的類型。有敏銳的感覺機能，凡事憑感覺行動。對流行敏感，往往比他人更先感覺出「這個會流行起來」。由於你如此有眼光，也許你會帶動流行趨勢。

PART 2  人性的弱點

人類有生以來，就有一種互相矛盾的心理。我們不要責怪別人，我們要試著了解他們，「全然了解，就是全然寬恕。」

—— 戴爾·卡內基

這一部分的心理遊戲測驗，藉著生活中最簡單的行為、習慣，就可以測出你人性中潛在的一些「弱點」。我們能否像卡內基所說的那樣，打開我們的心扉，更多的了解、寬容、克服我們人性中的那些「弱點」呢？譬如你是否怕寂寞？你是否是那種容易被利用的類型？你是「小器」或是「奢侈」？……

<<<<<<

Q11 一個公司職員的悲劇

　　你的部下B君在應酬時無意中把公司的秘密洩漏給客戶。雖然不是什麼大不了的事，可是這事却傳到了總經理的耳朵裡，這下可糟了！B君將受到處分，被調往南部分公司去。

　　站在上司的立場上，應該要庇護他，可是如果弄不好，讓總經理不高興，也有連帶受罰到南部分公司去的危險。

　　做為上司的你會怎麼做？

A　雖然覺得B君可憐，但無計可施。爲了不引火自焚，採取明哲保身的態度。

B　B君錯是錯了，但沒有釀成大禍，所以這一處分過於嚴厲，站出來替B君辯護。並相信自己的行爲是正義之舉。

C　這正是替人當差的難處。雖然明知這樣處罰沒道理，還是忍耐一下接受上面的處分。

D　B君的這個失誤，屬重大過失。如果這麼不想去分公司的話，只有離開公司。

A11 當大難來時，你身藏何處？

A 形勢不妙走為上策

自己有自己的觀點，嚴格區分自己的責任，會承擔起自己應負的一份責任，發生爭執時，你是採取理智行動的類型，對爭執採取完全中立的態度。

B 後退無門

你對於自己要照顧的人或請求你的人不會袖手旁觀。但是你雖渾身充滿著義氣，卻易過分陷入爭執，往往使得事態進一步惡化，而爭執的中心便會轉移到你頭上，當你發現這一情況時已經太遲了。

C 大樹底下好乘涼

「高枝長蔓易藏身」，這樣往往不會激化事態。說得難聽些，就是在公司的權力傘下藏身的意思。你在人情冷暖的商場中，往往能從中體會出處世之道，增長閱歷。

D 明哲保身

你是一位是非分明的人。對自己和別人同樣嚴格要求。一旦發生爭執，在查清自己應負的責任前，即使會殃及自身，絕不回避，不在乎別人誤解自己。凡事不諉過，不逃避，為人正直。

Q12 隔壁大樓的燈有幾處

　　現在時間已經很晚了，你仍一人留在公司加班。此時你想稍微休息一下，一轉頭望向窗外，正好看到隔壁棟大樓，請問插圖上的大樓，你希望哪些窗戶裡的燈是亮著的？

　　請將亮著燈的窗戶塗滿顏色。

A12　你怕寂寞嗎？你容易被利用嗎？

　　本測驗可分兩個方向進行，首先請你數一數你塗了幾個窗戶？然後再看看所塗的窗戶是呈現何種狀態？

　　所塗的窗戶數目愈多，則表示你怕寂寞的程度愈強。另外，由你所塗的窗戶呈現什麼樣的狀態，可診斷出你是否容易受人利用。

0～2個的人

　　你這個人是屬於若沒有任何人陪在身旁也無所謂的類型。若是0個的人，說不定你有點「討厭人類」的傾向，如果不是如此，那就是你覺得獨處是件很快樂的事。當身旁有人在時就無法專心投入工作，這是種屬於當大家都辭職不幹後，你還能沉著應付工作的類型，而且你很適合自由契約式的工作。用「一匹狼」來形容這種人是最恰當的。你是不是經常一個人生活，已養成什麼事都獨立完成的習慣呢？

3～4個的人

　　你不太喜歡拜託他人，也不喜歡依靠他人，不論多麼親密友好的朋友，自己絕不會去干涉對方的私生活，此外

也很討厭金錢的借貸往來，也就是很討厭有「親密」的這種關係；倘若自己遇到什麼難題，也絕不會請求別人協助，有股自己一定有辦法解決的自信。你可能經歷過很多大風大浪，從困境中走過來了，但是待人方面似乎過於冷漠。

5～7個的人

你是個對寂寞感反應一般的人，如果你正熱衷於一件事時，身旁沒有人也沒關係，但是當你腦袋空空什麼也不想時，你就會開始依賴人了，不過這時只要打個電話給朋友，聽聽對方的聲音，心情就會好多了。你是比較喜歡出外找朋友甚於待在家裡等待朋友來找的類型，但是，你很情緒化，當和大伙在一起感到累時，就會想要一個人獨處了。

8～11個的人

你是個相當愛撒嬌的人，屬於討厭獨處，非要有人在身旁不可的類型。即使回到家，也會頻於打電話給朋友，你是如此地害怕寂寞，所以根本不會一個人留在公司加班。至於朋友的數目可能也非常多，但是並沒有人像你所想的那般親密，嚴格說來，都是屬於淺交。另外，你是那種「職員型」的人，很少有機會處於領導地位。

12個以上的人

　　你是個極端害怕寂寞的人，是屬於洗澡、睡覺都沒辦法一個人做的類型，能獨自一個人完成的，大概只有上廁所而已呢！睡覺時，若沒有握著別人的手或觸碰別人的身體就無法安心入眠。你就像隻貓一樣黏人。想結婚的欲望也很強，一旦喜歡上對方可能就會馬上同居，而且，片刻也離不開對方，像金魚的糞便一樣，隨時都黏在後面。這種情形時間一久，總有一天對方一定會對你感到厭煩，所以怕寂寞也要有個分寸。

所塗的地方分散

　　你是個十分個人主義且主觀意識強烈的人，一旦遭人抓住要害就會被搞得垮台，因此，你很容易遭人利用，特別是所塗窗口的數目多且分散的人，這種傾向更高。

　　例如，有異性接近你，若是你雖不喜歡卻也不討厭的人向你展開禮物攻勢，你就很有可能因心波蕩漾而喜歡上對方，然後在不知不覺中會和對方上了床。另外你也很可能在街頭推銷中，被不法商人或偽善者所欺騙，造成莫大的錢財損失。

橫的一列或聚集在一起

　　你屬於集團主義，因人非常好，所以更加容易遭人利用，塗的數目愈多，這種傾向也愈強。

　　以周圍的人的角度看你，你善良的讓別人有很多可趁之機，只要別人想利用你，什麼地方都可以下手。例如，有人向你提出借錢的要求你也不會說不，而且，你也因不會催人還錢，所以對方便會遲遲不還。

　　在街上、迪斯可舞廳最容易被人搭訕的也是你這種人，「不會說ＮＯ的你」很容易陷入對方的陷阱而任人擺佈。所以，也會有一夜情的情形發生。

直的一列或斜向的或成十字交叉形

　　你相當任性自私，且獨斷獨行，所以不容易遭人利用。當你確立自己的立場後，別人就沒有乘機而入的機會。

　　例如，在對話時，你是屬於那種一意只說自己想說的話的類型，而當自己想說的說完後，就不會去聽別人說什麼了。另外，常常否定他人的意見而且喜歡講道理，因此會令想要利用你的人都覺得厭煩，而打退堂鼓。

Q13 車站的剪票口

　　車站的剪票口有一對男女正在等人，其中一人不耐說著：「怎麼讓我們等那麼久！」

　　若你是其中另一個人，你會如何回答？

　　請從A、B、C中選出適當的一項。

　　A 「他每一次都這樣！」

　　B 「或許他有什麼急事！」

　　C 「可能上次讓他等太久的關係！」

A13 解決不滿的方式

　　一般有三種解決欲求不滿的方式。

　　A類型者會對周圍的人發洩不滿情緒，稱為「凡罰型」；C為將責任歸咎於自己的「內罰型」。另一種為B的「無罰型」。

選A的人

　　很容易意氣用事，絕不原諒別人所犯下的錯誤，做事極具攻擊性，喜愛發牢騷，「設身處地的為人著想」，是你目前最需要努力去做的。

選B的人

　　所謂的合理主義者，凡是總愛追根究底，對方對你好三分你就回報他三分，對方故意冷落你，你也以同樣的態度對待他，即上述所說的「無罰型」。

選C的人

　　容易操心的人，往往會注意到事情的細微末節。由於能控制自己任性的脾氣，所以人緣很好。但愛管閒事的個性常常會搞得身心俱疲，此點值得注意。

Q14火柴排列的測驗

　　準備三根火柴，其中二根如圖般排列，剩下的一根則依個人喜愛的方式來排列，則你會選擇如A、B、C、D、E的何種排列。

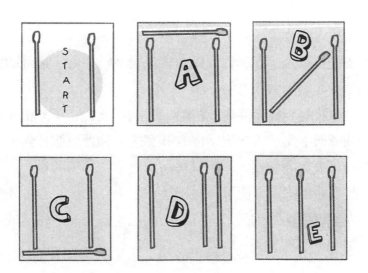

A14 你的人際關係

「人際關係」在現今複雜的工商社會是很重要的一項工具，它關係到一個人事業的成功與否，由它所在的位置可以了解到你和其它兩個人之間的關係。

A 自我中心型

將火柴放置於固定二根之上，表示你這個人的佔有慾及支配慾很強，在異性關係中喜以自我為中心，過分頑固的個性也會導致對方的不滿。

若將這一根火柴往後移動，即剛好安放在第二根火柴間成「H」型的人，表示你的社交能力極好，跟任何人交往時都能敞開胸懷，即使對異性也是非常熱情的。

這類型的人即使第一次和社交名人見面，也會率先伸出友誼之手，等到第二次見面時就已勾肩搭背，儼然成為一對親密的朋友。

B 安全運轉型

將這一根火柴斜放於兩根火柴之間的人，在交友過程中極為拘謹、客氣，對於初見面的人會表現些許的害羞。跟喜歡的異性則能坦誠交往，否則會跟對方保持適當的距

離。

C 慎重居士型

慎重卻略顯消極。即使不喜歡對方，也會委屈求全和對方交往，對喜歡的異性甚至會不惜獻身。

D 個人主義型

將三根並排的人，可分成兩種類型。像D圖般在固定的兩根火柴外加上一根火柴的人，是不喜歡干涉別人也不喜歡被人約束的一型。也因此極容易被孤立，是將自己和別人劃分得很清楚的一型。

E 愛管閑事型

將這一根火柴硬插入兩根火柴中間的人，表示其好奇心很強，又好管閑事。這種人好勝心也很強，凡事不肯服輸，因此時常會和別人意見相左，甚至引起口角。正義感很強，缺點是容易得意忘形。

此項測驗很適合和朋友在俱樂部或速食店做，非常有趣，經由此項遊戲，你可大略的了解對方的性格。

Q15 「高爾夫」性格測驗

　　高爾夫球一向是商務人士所熱衷的運動，從參與這項
運動的過程中，正可看出一個人的個性。

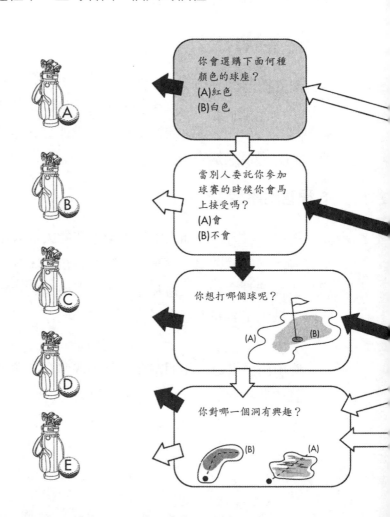

請從「開始」處起選出適當的答案Ａ（黑箭頭）或Ｂ（白箭頭）然後沿著箭頭依序作答。

→ A
⇨ B

開始

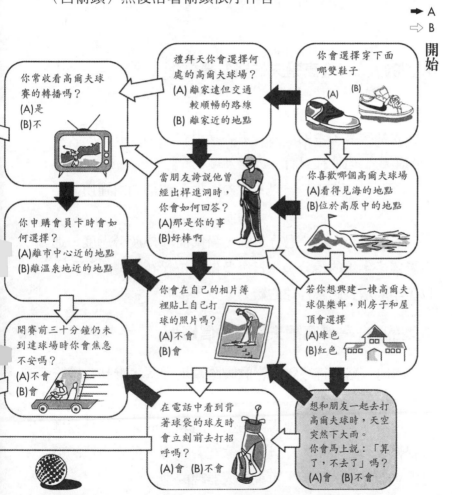

你會選擇穿下面哪雙鞋子？
(A)　(B)

禮拜天你會選擇何處的高爾夫球場？
(A) 離家遠但交通較順暢的路線
(B) 離家近的地點

你常收看高爾夫球賽的轉播嗎？
(A)是
(B)不

你喜歡哪個高爾夫球場
(A)看得見海的地點
(B)位於高原中的地點

當朋友誇說他曾經出桿進洞時，你會如何回答？
(A)那是你的事
(B)好棒啊

你申購會員卡時會如何選擇？
(A)離市中心近的地點
(B)離溫泉地近的地點

你會在自己的相片簿裡貼上自己打球的照片嗎？
(A)不會
(B)會

若你想興建一棟高爾夫球俱樂部，則房子和屋頂會選擇
(A)綠色
(B)紅色

開賽前三十分鐘仍未到達球場時你會焦急不安嗎？
(A)不會
(B)會

在電話中看到背著球袋的球友時會立刻前去打招呼嗎？
(A)會 (B)不會

想和朋友一起去打高爾夫球時，天空突然下大雨。你會馬上說：「算了，不去了」嗎？
(A)會 (B)不會

A15 從運動觀察一個人的性格

在運動和遊戲的競賽項目中，我們很容易觀察出一個人的個性，本測驗即是以高爾夫球運動做為觀察的對象。

A型的人──【高爾夫性格】慎重型

極容易感情用事的一個人，大伙在一起高興的時候比任何人都興奮，否則比旁人更容易沮喪。熱衷於美麗、新奇的事物，但往往只有三分鐘熱度。

短距洞具有二～三桿的實力，每一球都極為謹慎，小心！

這類型的人由於過分緊張，謹慎而顯得疲勞過度，進而影響後半場的得分，平日應多做馬拉松和跳繩的運動，以免年齡增長影響打球的體力。

B型的人──【高爾夫性格】信條型

內向、略帶神經質。喜歡腳踏實地做事，唯缺乏冒險精神。

凡事講求經驗，做事努力型。這類型的人起初技藝進步很慢，但初步階段一旦有行家在旁指導，配合自己的努力即可有不錯的成績，可說是大器晚成型。

性格上偏向獨斷獨行，好勝心很強，但極喜歡幫助別人。

比賽進行中往往表現得很穩重，能把自己的實力掌握得恰到好處。

C 型的人——【高爾夫性格】情緒型

相當有個性，周圍的人很難捉摸你的脾氣。這類型的人頭腦靈敏，具有敏銳的分析力，膽量大，對人的喜惡分得極為清楚，缺點是性情易變。

這類型的人相當有天份，但往往只愛單獨活動，殊不知高爾夫是一項團體活動，所以最好能改變自己的練習方式，培養自己臨場應變的能力，5 號即 5 號，6 號即 6 號，以中規中矩的基本練習方式進行，以保持穩定的成績。

D 型的人——【高爾夫性格】玩耍型

這類型的人自主性極高，凡事先計劃而後再去實行，不喜歡聽命於人，往往能將困難的事情化險為夷。

全心投入在一項運動上，甚至會放棄以往沉迷的麻將等娛樂，所以技藝進步神速。

喜歡獨自練習而不習慣受專家的指導（怕麻煩），但總喜愛選用最高級的球具。

Ｅ型的人──【高爾夫性格】一桿型

　　這類型的戰鬥力十足，凡事有始有終，鮮少會半途而廢。此外好奇心強，對新奇的事物皆充滿興趣。

　　這類型的人極愛挑戰，尤其酷愛草坪上的冒險，當以一桿五～六公尺的輕擊球爲目標，有時也會有嚴重的失誤。

　　下午得分的成績要較上午來得好，是屬於先守後攻的類型。

Q16 由醉酒診斷性格

　　觀察一個人酒醉時的表情、動作可大略了解這個人的某些個性、脾氣。

　　有些男性在喝醉酒後會突然改變他的個性，例如：滔滔不絕地講話。但是喝醉時表露出來的是假裝的性格，大多和原來的個性相反，所以欲了解假裝性格內部的真正個性請就此頁列舉了（1）到（11）個酒醉時的動作和代表的不同個性依自己的想法填寫。

　　　　　　　動作　　　　　　　　個性

　　1. 滔滔不絕地說話　➡ ＿＿＿＿＿＿＿＿
　　2. 誇張動作　　　　➡ ＿＿＿＿＿＿＿＿
　　3. 垂頭喪氣　　　　➡ ＿＿＿＿＿＿＿＿
　　4. 流淚　　　　　　➡ ＿＿＿＿＿＿＿＿
　　5. 碰觸女性的身體　➡ ＿＿＿＿＿＿＿＿
　　6. 唱歌　　　　　　➡ ＿＿＿＿＿＿＿＿
　　7. 挑釁的口吻　　　➡ ＿＿＿＿＿＿＿＿
　　8. 打瞌睡　　　　　➡ ＿＿＿＿＿＿＿＿
　　9. 和平常一樣　　　➡ ＿＿＿＿＿＿＿＿
　10. 向女性灌酒　　　➡ ＿＿＿＿＿＿＿＿
　11. 反覆乾杯　　　　➡ ＿＿＿＿＿＿＿＿

A16 了解你假裝的性格

　　有人喝醉酒時會滔滔不絕地說話，有人卻和平常表現得差不多，你仔細地想想看，你的親戚朋友在喝醉酒時是什麼樣子，並且順便問問他們，你自己在喝醉酒時，又是一副什麼德性？

1.滔滔不絕地說話

　　乍見覺得此類型的人相當爽朗，然而平日不愛講話的人，此時滔滔不絕時，多半是人際關係出了問題。性格為一絲不苟型，對待兄長及年長者態度相當恭敬。

2.誇張動作

　　反抗心強，有些欲求不滿，此外自卑感重，容易得罪同僚或長輩。

3.垂頭喪氣

　　第一印象覺得這類型的人相當膽怯，其實他們是非常活潑，且具有攻擊性的人，因此在無形中會樹立許多敵人。

　　對於自己既定的目標會積極完成，做任何事都相當隨性，但有時也會湧起不安的情緒。

4.流淚

　　浪漫主義者，一旦愛上一個人，就不會壓抑自己的感情。平日大多誠實待人，最痛恨別人欺騙自己。

　　像這種酒一入口就情不自禁流淚的男性，多半對性的要求很強烈。

5.碰觸女性的身體

　　自己的欲求往往不能獲得滿足，又常抱怨世俗的一些瑣事。這類型的男性大多是從事中小企業的老板，或平常緊張性較高的職業。

6.唱歌

　　將工作和私生活畫分得很清楚，天生不畏懼失敗，往往能將自己的個性和技術在工作領域上發揮得淋漓盡致。

7.挑釁的口吻

　　行動型，具有不屈不撓的個性，酒喝多了有時會無意識的亂發脾氣。然而平常是非常溫順和善的，所以周遭的朋友往往會被這突來的舉動嚇得不知所措。

8.打瞌睡

　　有些男性一喝了酒就會立刻抱著胳膊打起瞌睡，這類

型的人大多個性內向，意志薄弱，對別人的要求不論困難
與否總是一概答應。和女性交往一旦遭親人反對就會立即
退縮。

9.和平常一樣

這類型的人，以往多半因酗酒而誤了某件大事，所以
經常抱著適度的警戒心。

10.向女性勸酒

想和自己心愛的女性一齊同樂，若你是先問對方「要
喝嗎？」的那一型男人，則多半是能抑制自己感情的人，
若你是不管別人意見只願自己倒酒的人，表示你相當自
我，甚至希望別人順從自己的想法。

11.反覆乾杯

表面相當溫和，其實個性頗為頑固、無情。
很多人喝得過量，醉到已經會影響到別人而不自知，
這種人是精神狀況不穩定的人，是一種逃避現實而顯得儒
弱的行為者。

Q17 重要的隨身物品遺忘在何處

　　你現在住在某飯店中，一個不小心，將貴重的東西弄丟了，但你非常確信你所遺失的東西，一定還留在飯店之中。

　　那麼，你認為你會掉在什麼地方呢？請從插圖中的六個選項裡選出一個。

咖啡廳　　　　　櫃檯　　　　　冰果室

浴室　　　　　餐廳　　　　　公用廁所

A17 你的靈敏度

　　大飯店的各個場所，將之分成二類：

A群　櫃台/浴室/公用廁所

B群　咖啡廳/冰果室/餐廳

　　A群皆是與「排泄」有關的場所，因此象徵著小氣。而為什麼櫃台與排泄有關呢？因為櫃台是現金等金錢進出的地方。因此，小氣程度的排列依序是櫃台、浴室、最嚴重的是公用廁所。

　　B群皆是與「滿足食慾」有關的場所，象徵著奢侈。浪費程度的排列為咖啡廳、冰果室，最浪費的是餐廳。

　　大部份的人都不覺得自己是小氣鬼或奢侈者，有的人表面上看起來小氣，但實際上卻是個「隱性的奢侈者」。

　　相反的，也有和大家在一起時表現的很大方，但實際上卻像守財奴般的十分吝嗇的小氣鬼。

選擇 A 群的人

　　如解說中所說的，你是屬於「小氣派」，選擇櫃台的人是屬於「小氣預備軍」，選浴室的人是「普通的小器」，而選擇廁所的人則是「小氣的權威」了。

首先，來看看選擇櫃台的小氣預備軍，與其說你小氣不如說你是個對金錢計算得很精確的人。當和朋友們出外聚餐等，負責會計一職的工作必定是由你擔任，你會連個位數都算好給大家平均分攤；另外，你也在年輕時就開始計劃性地存錢，預備結婚之用。

　　買東西時，你會盡量選擇便宜又合理的商店。結婚後，你一定會是位做事很確實的人。

　　再來是選擇浴室的普通小氣者，你絕對不會浪費一分一毫。午餐是忠實的便當派，絕對不外食，有時也會聲稱要「減肥」而連中餐都省略。另外，女性也會利用自己是晚輩的有利地位，常讓男性的上司、前輩等請吃飯。結婚後，縮減一切生活開支，為了自己的房子而勤奮地存錢，也夢想自己能擁有幾棟樓房，但是你有不希望別人知道你小器的一面。

　　選擇廁所的人可說是小氣的代表了，並且很會運用不法手段。掌握一些老板、有權者等是理所當然的，連自己的衣服、飾品幾乎都是你的情人（或朋友）送你的，而所收到的禮物有半數都以市面定價的一半賣給朋友，不然就交當舖換錢，而這些得來的錢，都投資在不動產上，絕不會出手投資在危險的股票上。當周圍的人稱你「守財奴」時，你也養成了無動於衷的態度。

　　儘管你擁有那麼多錢，但卻遲遲尚未結婚吧？你會把所有靠近你的異性，想作他們都是因貪圖你的錢才接近

你，事實上你真是位很不幸的人啊！

選擇 B 群的人

如解說中所說，你是屬於「奢侈派」，選擇咖啡廳的人屬「大方慷慨型」。

當領薪水後荷包飽飽時，就會去吃頓西餐、日本料理揮霍一下，接近月底時，光吃素食也能滿足；當你有錢時，在朋友的邀約下就會忍不住跟去狂歡，而且也不會計較費用貴不貴，只要是好吃的就一直點，非常爽快。

另外，你也很愛當老大，輕易的就請客，因此結婚後，會因家計的負擔，讓你非常辛苦，若對象不是一位善於理財的人，兩個人就很可能一生租屋過日子。

選冰果室的人屬「普通奢侈派」，遇上自己的嗜好或喜歡的東西時，就會失去判斷能力而盲目地花掉許多錢。例如：若是十分關心時髦流行的人，雜誌上所能看到的東西都會想買下來，其結果往往是，薪水的大部分都花在治裝費上；另外，若想要去海外旅行時，等不及存夠錢，就會利用旅行貸款，當然在海外的購物花費，也是利用信用卡。儘管結婚了，也會成天為家計收支不能平衡而苦惱。可以預想出你會買一些無法負擔的房子、汽車等，造成一輩子貸款欠債的生活。

選擇餐廳的人則是「超級奢侈派」，真令人擔心。

請你算算看身上所持有的信用卡張數，至少有五至十

張吧！每個月的零用金會花在交際費上且一下子就用光了，購物都是刷信用卡，而且其金額還不少呢！相信不久，「宣告破產」的危機就即將造訪你了。

像現在的你根本不可能考慮結婚，等到債務還清前，你有必要忍耐地過著清寒的生活並徹底反省。

PART 3 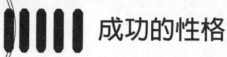 成功的性格

生活的成功、快樂與否，完全決定於個人對人、事、物的看法如何；美好的人生又取決於成功的性格。而人的性格往往不經意表現在日常對衣食住行的喜好和一些小動作上。

—— 戴爾·卡內基

通過這一部分的性格分析測驗，我們參考卡內基有關個人成功的性格的觀點可以診斷出你潛藏在心理的真實的性格，以及目前的心態……

Q18 性格分析心理測驗

　　請觀察圖中的這兩個人。你認為他們是什麼性格的人？請根據你的性別評價同性。

●可靠的人？
是□　　不是□　　不知道□

●和氣的人？
是□　　不是□　　不知道□

●擅忍耐的人？
是□　　不是□　　不知道□

●朋友多的人？
是□　　不是□　　不知道□

●喜歡趕時髦的人？
是□　　不是□　　不知道□

●任性的人？
是□　　不是□　　不知道□

●愛撒謊的人？
是□　　不是□　　不知道□

●吝嗇的人？
是□　　不是□　　不知道□

A18 其實，這才是你的性格

　　評價別人的時候，什麼是你用來衡量的標尺呢？其實就是你自己的意識。「與我相較，對方是怎樣的人呢？」

　　假如你是個性情狂躁的人，那麼你在評價別人的時候，就會想：「這傢伙是否也是個狂躁的人？」因為你是把自己的影子投影在這個人的身上。疑心病重的人就會以「他是否相信我呢？」的觀點來評價。

　　所以，我們可以說他人是反射你自己的鏡子。你的尺度不僅是測量他人，反之，也是了解你自身的工具。有興趣的人不妨以某人為鏡，試試看。

　　以自我的尺度包圍著的環境，叫做「認知框架」。從圓的框架中觀察，三角形也會看成圓形。用小框架觀察，只能看到大的框架中的一部分。自由地變幻這個框架，多方地進行觀察，就可以累積起各種經驗。這正是利用它的最佳方法。

Q19 以「體型、外觀」判斷性格

　　不可諱言地，容貌是決定一個人形象的重要關鍵，但卻也不能忽略從一個人的整體外形來判斷其性格。

　　我們可用以下二方面來決定一個人的體型。

　　體重（肥胖型、削瘦型、不胖不瘦型）。

　　身高（瘦體型、矮個子型、不高不矮型）

　　你的體型是屬於圖中的哪一型呢？

4. 不胖不瘦、不高不矮型‥‥

A19 你的自制力如何？

　　美國名企業最近在選拔重要人才時，都會把體型過胖者摒棄於門外，因為他們認為一個對「吃」不能克制的人，往往也會欠缺自制力。

　　一般人總習慣將「體型」和「品性」連想在一起，究竟它們之間有什麼關係呢？

1 肥胖身高普通型

　　自我中心型。永遠認為自己是對的，不肯接納別人的意見，甚至為了爭取本身的機會而不惜犧牲別人的利益，因此在無形中會樹立許多敵人。

2 削瘦身高普通型

　　冷靜客觀型。本身極有主見，不願被旁人左右自己的意見，更厭惡別人干涉自己的思想，所以有時會被誤認為是一個無情的人。

3 削瘦身高、肩寬型

　　同甘共苦型。你一旦認定的朋友，縱使為其兩肋插刀也在所不惜，並能適當地給予對方忠告。這類型的人很值

得選擇做爲終身的朋友。

4 不胖不瘦、不高不矮型

恰如其分型。不喜歡受約束、善惡分明的人。興趣廣泛，交友廣闊，即使和初次見面的人也能融洽地打成一片。

5 肥胖體長型

運動發達型。做人極講義氣、人情味十足，一旦接受了別人的恩惠就會一輩子銘記在心，對方一有困難則立即拔刀相助，別人一旦做出對不起他的事，他是絕不會原諒對方的。

6 肥胖短小型

一般身高矮小的人，自卑感較重、脾氣也較乖僻。這類型的人容易掩飾自己的喜惡，會死心塌地守著所愛的人。對稍感勉強的事也會盡心去完成。

7 削瘦矮小型

精力充沛型。好勝心極強，容易和別人起衝突，然而正義感和責任感皆很強。

這類型的男性對女性甚爲體貼，容易愛上比自己年紀大的女人（有點戀母情結）。但嫉妒心很強，戀人一旦對其他的同性友善一點，就立即會醋勁大發。

Q20 說話時的動作

　　你說話時慣用的動作、表情是下列哪一種類型呢？而每一種特徵動作都蘊藏了每個人不同的性格。

1　配合手勢說話的人
2　靠在桌邊說話的人
3　邊搔頭（或玩弄頭髮）邊說話的人
4　邊說話邊摸鼻周圍（或口周圍）的人
5　抱著胳膊，或將手伸入口袋說話的人
6　在說話的過程中喜歡大笑的人
7　瞪著雙眼說話的人
8　邊說邊點頭的人

A20 你的肢體語言

每個人說話時不經意表現出不同的肢體動作，這些動作多少隱藏了每個人的不同個性。

所以由一個人說話時的表情和動作可初步了解到這個人的個性。

1 配合手勢說話的人

男生則有些任性，自己的意見一旦遭到反對就會勃然大怒。女生則個性相當活潑，但有點愛管閒事的毛病。

2 靠在桌邊說話的人

這類型的人很容易熱衷於一件事上，但由於觀念保守，所以不太容易接受新的事物，包括交朋友在內。

3 邊搔頭（或玩弄頭髮）邊說話的人

個性正直，很少犯錯，但容易和對方發生口角。

4 邊說話邊摸鼻周圍（或口周圍）的人

靦腆型人物，即使仰慕對方也不好意思說。

5 抱著胳膊，或將手伸入口袋說話的人

對自己相當有自信的人，對人的喜惡表現地相當明顯，對待自己喜歡的人極為熱情，否則吝於跟對方開口說話。此外在某些方面喜歡裝腔作勢。

6 在說話的過程中喜歡大笑的人

個性相當爽朗的人，擅於交際，但這種笑容往往不是發自內心，其實這類型的人有時候心眼是很小的。

7 瞪著雙眼說話的人

略帶神經質，做事易慌張，欠穩重。

8 邊說邊點頭的人

對自己相當有自信的人，毅力頗夠，但為人相當頑固，不肯接納別人的意見。

Q21 填寫郵遞區號

　　我們時常從一個人的筆跡來了解這個人的性格，不過在此提供一個最方便的方法，就是從一個人填寫郵遞區號的習性來了解這個人的個性。

　　下面有數種填寫郵遞區號的方式，想想看你是哪一種！

　　不妨從抽屜中找出一些朋友或男、女朋友寫給你的信，看看他們的郵遞區號又是如何填法。

A 寫滿格子的人

B 字寫的極小的人

C 超出格子字又很潦草的人

D 將字寫到偏下限的人

E 將字寫到偏上限的人

A21 從郵遞區號的寫法了解性格

A 寫滿格子的人

這類型的人性格頗外向、好動、大膽。做事相當積極、伶俐，女性則偏向男性化。

B 字寫得極小的人

慎重，心思細密的一個人，跟朋友言談間的措詞也頗為謹慎。

C 超出格子字又很潦草的人

性情頗為衝動，急躁。此外這種寫法有時正代表寫信人對收信人不滿的情緒，因此有必要注意信的內容。

D 將字寫到偏下限的人

將字偏下限填寫的人屬於務實、現實型的人。

E 將字寫到偏上限的人

反之將數字偏上限填寫者屬於理想主義型，自尊心甚強，有時也相當頑固。

Q22 信封寫法和性格的關係

　　一般人書寫信封地址的形式也各有不同，熟識的人一眼就可看出是誰寫來的。

　　其中從收件人姓名的書寫方式最容易看出一個人的個性，其方式大致可分為以下五種，大家不妨從公司來往信件及親朋好友的來信中做觀察比較！

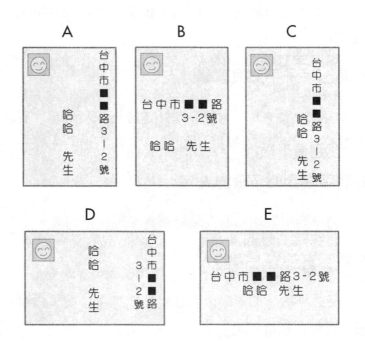

A22 從信封上你透露了什麼？

比較的重點有：（1）橫寫或直寫。（2）原本長形的信封橫的書寫等。

A型──直式（中式）的正統方式

此種方式為大多數人所採用。這類型的人多為安全第一主義者，有嚴守社會上既定的形式和規則，也希望對方能和他一樣遵守規則。

從文字的大小、緊密空疏及整齊程度可大略地看出一個人的品格。筆跡寫得彎彎曲曲、大小不一的人表示他想突破現狀，且情緒不穩定。筆跡整齊的人，做事態度大多一絲不苟，而且行為彬彬有禮。

B型──直式信封橫寫的方式

這種書寫的方式有日益增多的趨勢，年輕人尤其喜歡採用此種方式。這類型的人對新奇、流行的事物頗為敏感，性情很開朗，極喜歡結交朋友。

C型──直式信封靠右書寫的方式

像這樣充分利用右側空間書寫地址的人是屬於浪漫主

義者，這類型的人相當重視精神生活，對美的事物特別嚮往，待人特別寬大爲懷，但是不喜歡人群太多而偏愛一個人獨處。

D 型──橫式（西式）信封直寫地址的方式

這類型的人相當有個性且喜好變化，大多從事醫生或科學家之類的職業。不喜歡人潮聚集處，對任何事相當有自己的主見，不喜歡唯命是從的人。值得注意的是這類型的人自尊心相當強，所以不要刻意做出損人的舉動。

E 型──橫式橫寫地址的方式

這類型的人極好修飾、打扮自己，一些電影明星和歌星回給歌迷的信也正是選擇這種方式。

若爲男性的話，則對藝術方面有濃厚的興趣，討厭人群聚集處，對朋友的喜惡劃分的極爲清楚。

Q23 由筆跡了解性格

　　法國的博物學者 Burifon 曾說過：「文如其人」，也就是說文章（文體）能表現寫字當事人的人品。

　　想從一本書了解作者的品格是很不容易的，但我們不妨從他的筆跡去了解。

　　圖 A～G 的筆跡中何者和你的筆跡類似？

A 23 文如其人

法國的咖瑪將筆跡區分爲形、方向、速度、順序、大小及力度等六項。

以下就是研究筆跡的心理學者——町田欣一氏的研究。

A 字寫到一半歪斜的人

這個人可能有心事。因爲一般人睡眠不足時，也不容易將字寫歪。

B 字跡偏右上的人

個性活潑，但有點任性，凡事喜歡率性而爲。

C 字跡偏右下的人

個性靦腆害羞，男性的話，略帶點娘娘腔，過分在意周圍人的感受。

D 字體極小的人

個性溫柔，善解人意，喜歡飼養小動物，也愛好高山和湖泊。

E 字體極大的人

個性開朗、活潑、運動型人物。

F 字體圓潤的人

男性的話則一看就很軟弱，像個女孩子一樣。女姓的話，則個性非常溫柔，甚獲長輩的疼愛。

G 字跡有稜有角的人

頭腦極聰明，但有時聰明反被聰明誤。

Q24 諾亞的方舟測驗

　　舊約聖經中有記載諾亞方舟的傳說，大意是說洪水侵襲地球，僅有諾亞一家人乘坐方舟而獲救。

　　當時的方舟不准乘載任何動物。假設現在有六種動物（如上所列），但只允許你乘載三種動物，請將你最想帶走的動物按順序排列：

A 鳥　　　B 兔子　　　C 鹿
D 羊　　　E 雞　　　　F 豬

A24 你目前的心態

「諾亞方舟測驗」經常用於精神病患的遊戲中，每一種動物均象徵個人內心潛藏的願望，每個人選擇的第一種動物往往代表這個人本身。排列第二的動物，則代表這個人心底最期待的事物，也可代表目前的你。

排列第三的，則可表達這個人對未來的期望。在此我們即根據排列第二的動物來了解你目前的心態。

將A鳥排列第二的人

具有十足的野心，希望有朝一日獲得眾人的矚目及認可。鳥象徵「自我和虛榮心」，兼具瀟灑及耐力，正可表現好動的脾氣。

凡事講求規律和秩序，對戀人和自己的妻子極為挑剔，即「責己寬，責人嚴」類型的人物。對服裝的品味極高，是走在時代尖端的人。現在的你對愛情的欲求極強烈，甚至有駕馭對方的霸道觀念，一失意就會亂發脾氣。

將B兔子排列第二的人

兔子象徵「純潔和愛」。性格溫和，家庭觀念很重，不會做出對不起別人的事。有時為了喜愛的人奉獻一生。

凡事腳踏實地，不喜歡一步登天。

現在的你正受惠於許多好友的幫助。你不會無端和人起衝突，但面對自己的好友，又往往不能拒絕對方要求的事（即使這件事令你很為難），這也是你的缺點之一。

將Ｃ鹿排列第二的人

相當有主見，將自己和別人劃分得很清楚，會努力實現自己既定的目標，正因鹿象徵「努力及謙虛」。對人的好惡極為分明，對某人的第一印象一旦不好，就很難改變不良印象的感覺。現在你必須選擇目標並且付諸行動。

將Ｄ羊排列第二的人

羊象徵「順從與柔和」，較信賴比自己年長的人。你相當柔順且有女人味，絕不辜負你所喜歡的人，甚至會為了朋友而兩肋插刀，在所不惜。

極注重人際間的交往，不妨在一些研究和交流性的社團中結交知心好友。

將Ｅ雞排列第二的人

外型很溫柔，但對人總抱著先入為主的觀念。譬如：「這種人不行！」或「這類型的人很理想」等等……你相當不會表達自己的感情，縱使對方是你欣賞、喜歡的人，卻因為你木訥的表情，讓對方認為你很不喜歡他。此外，

你也相當固執。

將 F 豬排列第二的人

　　你相當幽默，也愛熱鬧，尤其喜歡眾人聚在一起喝幾
杯。你有時會覺得自己很不行，也很會貶低自己，但卻不
知反省。不了解你的人還會對你有所誤解，但你不會在意
這種惡意中傷而表現悶悶不樂，這也是你的優點所在。

PART 4 ‖‖‖‖‖ 培養必勝的信心

曾經一無所有,飄零街頭的卡內基成功地走向了百萬富翁的寶座。人們探尋他成功的秘訣時,他說:「在任何情況下都要培養自己有必勝的信心及融洽的人際關係。這種想法適合任何一位想發財的朋友。」

—— 戴爾‧卡內基

在這一部分的心理游戲中,正如卡內基推銷的商戰秘訣,讓我們從最簡單的問題中就可以測出自己人際關係如何?針對自己天賦及性格上的優點怎樣更好地創造財運……而這一切,首先要取決於你是否有必勝的信心。

< < < < < <

Q25 你的人緣如何？

想要了解你的人際關係如何？
請做下面這一項測驗。

<測驗1>圖中手拿網球拍的女子，假設是你夢中出現的
女子，你想她能把球打回去嗎？

A 會落空
B 打個正著
C 觸網

<測驗2>看過圖中兩個三角形後，再畫出一個你所喜歡
的。

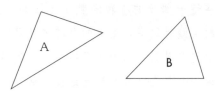

A25 解說

記好測驗1所選出的答案（A～C）。

接著將測驗2你所畫的三角形和A、B比大小後，從1～3選出適合的類型。

1. 比A的三角形大或小或相同
2. 比B的三角形小或相同
3. A與B之間

接下來從計分表中找出＜測驗1＞和＜測驗2＞的結果，例如＜測驗1＞為A，＜測驗2＞為2時，則屬於E型，以此方法類推……。

· 計分表 ·

測驗 (1) 測驗 (2)	A	B	C
1	D	A	B
2	E	B	D
3	C	A	C

A：大受歡迎型
B：一般好感型
C：安全溫柔型
D：情緒型
E：敬而遠之型

A 大受歡迎型

你總是站在對方的立場替人著想，所以往往能贏得同性和異性的友誼。此外，你善解人意的個性，也讓你同時贏得同輩、長輩和上司的信賴。

B 一般好感型

你具有天生易使人親近的特質，但也會因此招來誤會，導致你不喜歡的人對你百般糾纏。

多數的場合你能獲得部下和晚輩們的信賴，他們都能把你視為好的長官或兄長。

C 安全溫柔型

你不會輕率的交朋友，也不會對朋友耍心機，此外你具有瀟灑的現代個性，不會像口香糖般地黏著人，更不會偽裝自己和別人相處。對於異性極為溫柔，是很好的情人對象。

D 情緒型

你非常的情緒化，喜歡某人就頻頻對他示好，不喜歡某人總和他保持一段距離，時常以主觀的情緒做爲交友的依據，這也是你人際關係最失敗的地方。對你而言，最重要的是如何化解你與不喜歡的朋友之間的芥蒂，試著去與他們和平相處。

E 敬而遠之型

你冰冷的外表很容易讓別人對你望而生畏，所以你很不容易交到朋友。目前你最迫切需要的就是卸下冰冷的外表，要常對著鏡子學習笑臉，微笑必須帶有誠意，以免造成皮笑肉不笑的感覺。

Q26 築橋

　　有一條河流從很遠的地方流過來，但是河上連一座橋都沒有，如果是你，你會在河上的什麼地方，加蓋什麼樣的橋呢？

A26 你的靈敏度

這個測驗可知道你對「人生的執著度」，就是你對「死」抱持著什麼樣的想法。

一個是你在河川上游到下游的哪一個位置畫上橋，由上圖區分的A～D四個區域中，你是畫在哪一個區域？

另一個重點是你所畫的是什麼樣的橋，是簡單的吊橋或堅實的水泥橋？

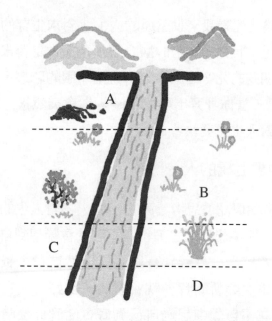

在 A 區中畫上橋的人

你相信「自己絕對不會死」且對人生有強烈的生存意志。你幾乎沒生過什麼病，體力也比別人多一倍，對活著的這件事十分有自信。此外，你不只是有體力，氣力也比別人結實，而且你認為自己想做的事還像山一樣的多，但是因你認為自己不會死，所以做起事來總稍嫌太過魯莽，不過像你這樣有旺盛的生命力的人，相信連死神也不會想要靠近你的。

在 B 區中畫上橋的人

你認為「死對我來說還遠的人」，對求生存的意志力也十分充足，且對於死亡的觀念很淡薄，你是否未曾面臨過親人或朋友的死？因此你對於死這字眼的聯想，也只是「鬼」而已，當你身旁出現死亡時，你會突然被一股恐懼感侵襲，對人生愈發執著。

在 C 區中畫上橋的人

你是會偶爾認真思考「死亡」的人，對人生的執著度應屬普通，即使想到死亡，也還不至於會聯想到自己也會死掉的實質感。一旦聽到有關名人突然自殺、戰爭的死亡、殺人事件等新聞時，就會變的有點好奇與在意。此外，也曾在不自覺中想過自己到底會活到什麼時候的問

題，也曾祈禱過希望雙親能長命百歲……你的一切思考都算是很正常的。

在 D 區中畫上橋的人

你覺得死亡就離你不遠了。你要不是對人生沒有信心與希望，不然就是比別人加倍的執著。你是不是曾受到親人或朋友死亡的打擊，且曾認真的研究過死？而且你應該相當相信靈界的存在。若當你的身心陷入瀕臨死亡的境界時，就真正是危險的狀態了，所以在疾病尚未纏身前，最好先去看看醫生，做個健康檢查才好。

畫上簡單的橋的人

只畫上二條線或畫上像圓木柱般簡單的橋的人，對生、死這件事並不十分在意，也就是說，你感覺不到渡河的危險。你覺得「死並不可怕」，是一般所謂「不怕死，不要命」的人。

　　因此，你的行動都很大膽的。街口亮紅燈時你也能毫不在乎地闖過；開車超過最高速限 30 公里、40 公里是正常的；運動也是，與其打網球、高爾夫球等游戰型娛樂，不如去參加攀岩、跳傘等具有刺激性的活動，不過，像你這樣的人，說不定反倒可以無憂無慮的長命百歲呢！

畫上堅固的橋的人

　　替橋加上扶手或畫上鐵橋的人，對生、死這件事還是相當執著且看不開，因為原本就覺得河川是很危險的，所

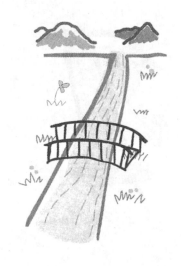

以用心特別深。

你已經近乎神經質的關心你的身體了，甚至連食物都只選擇無農藥、無添加物等的自然食品。另外，你還十分在意汽車排放的廢氣，還有二手煙；當外出旅行時，也避免乘坐飛機，幾乎只利用火車，但是我們不可能完全排除身旁一切的危險因子。所以，最好不要太過於神經質才好。

Q27 請不要考慮太多憑直覺據實回答

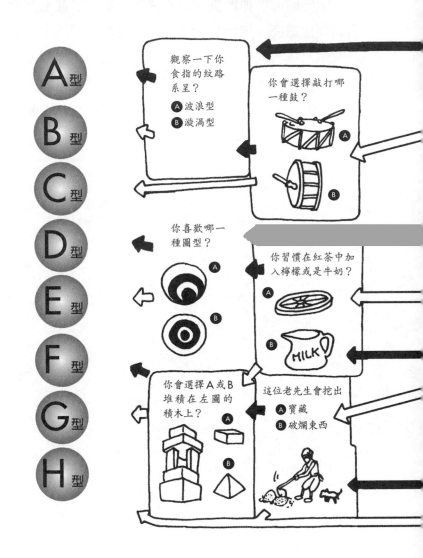

你會和哪一名女子打招呼
Ⓐ Ⓑ

你會選擇打哪一部
公共電話？
Ⓐ Ⓑ

你喜歡哪一只
煙斗？
Ⓐ
Ⓑ

開始

你會選擇哪一種
掛門牌的方式
Ⓐ 王大明
Ⓑ 王大明

A,B兩條道路
哪一條沒有
分岔？

門後邊露出的那人頭
你想他是
男？女？
Ⓐ女
Ⓑ男

乍看之下，你
覺得這圖像？
Ⓐ男人的臉
Ⓑ女人的臉

你喜歡哪
一個射擊
目標？
Ⓐ野鴨
Ⓑ野豬

你想右圖這名
走路的男子會
被打到頭嗎？
Ⓐ會 Ⓑ不會

你會將模
型鋼軌組
合成何種
型式？
Ⓐ
Ⓑ

長椅上你的她坐
在C處，你會選
擇坐在A,B哪？
Ⓑ Ⓒ Ⓐ

你會選擇
哪一種方
式貼郵票

你希望別墅是
接連在何處？
Ⓐ Ⓑ

你較喜歡哪一
種電視節目？
Ⓐ猜謎
Ⓑ戲劇

Ⓐ
Ⓑ

你想同時
擲兩個骰
子，會出
現何種情
形？

你想空中這一
部覽車是要朝
上或往下？
Ⓐ
Ⓑ

→ A ⇨ B

107

A 27 你會成為有錢人嗎？

你是屬於哪一型呢？這些類型又與金錢有緣或無緣呢？請看下面的分析：

A 型

浪費型。對賺錢極熱衷，但頗不節制。譬如這個月賺了一萬元，到頭來卻花掉兩萬元的各項家用。

你目前最需要準備一本家用帳簿，將平日各項支出詳細列明，以培養收支平衡，甚或開源節流的用錢態度。

B 型

判斷力夠，點子也很豐富，唯獨缺乏實行的勇氣，以致錯失許多賺錢的機會。

改正好高騖遠的態度，把握眼前賺錢的機會，才是你目前最需要的。女性的話常有愛慕虛榮的傾向。

C 型

孜孜努力儲蓄型。把錢看得很淡，絕不會因金錢與別人起衝突，甚至會不惜自己的利益對朋友鼎力相助。

D 型

吝嗇型。用錢方面極為節儉，縱使身邊已有很多錢了。賺錢方式也和別人不大相同，能從事別人深以為害的工作，其主要目的當然是為了賺錢。

E 型

標準型。具有老成的經濟觀，具有分析股票的能力，唯不熱衷。凡事容易猶豫不定，有賺小錢的實力。

F 型

具有賺錢的本領，一方面從事自己份內的職業，另一方面不惜向朋友借錢，圖謀其他的生財之道。

G 型

白手起家而終究能發大財的人。這類型的人點子極多，在投機行業中常大有收穫，例如証券界的許多大戶就是屬此類型。但避免過分獨斷獨行以免導致失敗。

H 型

個性爽朗，絕不會鑽牛角尖，獨立性強，一旦立下目標就勇往直前，毫不退縮。

Q28 你要喝嗎？

假設一位老翁對你說：「只要你喝了我手上拿的這瓶藥，就能馬上預知未來。」你願意喝嗎？

下面有幾個答案，請選出適當的一個答案。

A 一點都沒有興趣，所以不喝！

B 早點知道也好有個心理準備，好吧！全喝了！

C 只想知道明天的事，所以僅喝一滴！

D 只喝預知一年的份量！

E 暫時保管，等需要時再喝！

A 28 對自己未來的關心程度

從一個人對「未來」關心的程度，可了解這個人的人生觀和生活方式。

選A的人

相當有自信。即使遇到困難，仍能堅持自己的信念，所以往往能化險為夷。道德心極強，屬於腳踏實地的人。

選B的人

兼具勇氣和道德心，但往往太在意結果而放棄努力。

選C的人

穩重，深具責任感，能將近期目標逐一實現的人。

選D的人

一般型。對未來懷有夢想，總希望有好機會能降臨身上，更希望能遇到貴人鼎力相助；總之非常在意明天。

選E的人

凡事要求合理，否則會追根究底。相當有主見，很少會受人左右。

Q29 夢

　　夢可以表現一個人心目中的願望和慾求，因此以前的人，總習慣根據夢來判斷一個人當天的運氣。

　　請你回想最近一周來你所做過的夢，再對照圖是否有類似之處。

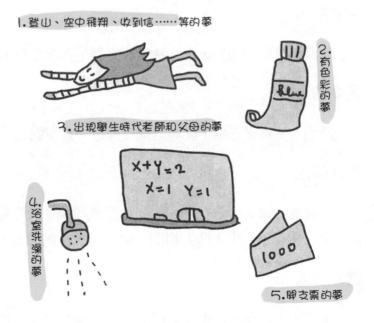

1.登山、空中飛翔、收到信……等的夢

2.有色彩的夢

3.出現學生時代老師和父母的夢

$x+y=2$
$x=1 \quad y=1$

4.浴室洗澡的夢

5.開支票的夢

A 29 抓住夢的真實處

圈出你曾做過的夢，計算出總數後再閱讀以下的敘述。

四個以上

此時期變化相當劇烈，工作更加忙碌，金錢的進出也更頻繁。若努力未見成果，可能是機運不佳。周圍人的協助對你的幫助甚大。

二～三個以上

常有幸運的機運降臨，人際關係及商業談判上都極為順利，此時正是實行年度計劃的最佳時機。

一個

此時慎防對手從中破壞、作梗，行為舉止上應更為謹慎。

沒有

沒有什麼大失敗或大麻煩，但也不見什麼好運來臨（時機未成熟所致）。

PART 5 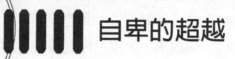 自卑的超越

大膽承認自己也許會弄錯，自己也有弱點，讓人相信，
改進自己的弱點並不是那麼困難。用鼓勵的方式，使他
（她）有信心去面對弱點和錯誤。

—— 戴爾・卡內基

這一部分的心理測試題，主要是通過卡內基的「自卑的
超越」理論判斷一個人的自我表現慾的強烈與否，和對
自我的看法。比如你是否注意到本身的缺點？你所缺乏
的能力？等等……目的在於幫助你了解你所欠缺的能力
……如創造力、行動力……，以便謀求適當的補救，幫
助你在各方面有所突破，長進！

< < < < < <

Q30 電車

　　在電車中，坐在你面前的某位男子打從你一上車開始就目不轉睛地盯著你，此時你會如何想？

　　請從下列的三個敘述中，選出你認為適當的一項。

　　A 會不會是我的衣衫不整？

　　B 是不是對我有意思，想跟我搭訕？

　　C 我們以前是不是在那見過面？

A 30 社交性測驗和緣分診斷

此測驗的目的在判斷自我表現欲的強烈與否，和對自我的看法。

選擇 A 的人

清楚了解自己長處和短處的人，和人交往時會控制自己的脾氣，故社交能力極好。

選擇 B 的人

自我中心極強的人。與人交往時大多不會顧慮到別人，總是我行我素，又蠻孩子氣的，故別人往往會對你敬而遠之。

選擇 C 的人

心思細密，很喜歡管閒事甚至忽略自己的事，但別人和你相處久了，往往會對你的殷勤大感吃不消。

個性相投者

與上列選項相鄰者，表示彼此投緣的人。
男ＣＡＢ
女ＡＢＣ

Q31 出生地和臉部特徵及性格類型的關係

　　不同的生長環境、教育方式及工作內容，都會影響到一個人的性格，尤其以生長的自然環境對一個人性格的影響最大。

　　拿破崙若是出生於巴黎而非科西嘉島，則歐洲的歷史可能會全部改寫。多數人的人生觀隨時會受到山、川等自然環境的影響。

　　按性格和風土條件，可大致分為四個地域。

（1）太平洋型　　（2）山區內陸型

（3）內海型　　　（4）狹長海型

太平洋型　　山區內陸型　　內海型　　狹長海型

A31 你是屬於那一型的呢？

出生在上述四個地域的人在面相上各有不同的特色，你是屬於那一型的呢？

太平洋型

臉型大多為圓型或四角型，臉較大，給人一種穩重的感覺。此外鼻較大，眼較小，最主要的特色是口突出且牙齒露出來。此種臉的人種屬波里尼西亞型的。缺點是較頑固，喜以自我為中心。

山區內陸型

大多為圓型和四角型臉，寬度較太平洋型的臉窄，和身體的比例相較臉顯然較小，額頭較寬，顴骨較高是其特色。眼、鼻、口平均而言都嫌小，只有額頭較高。

此類型的人獨立心強，創造力豐富，點子又多，是屬於天才型的人物，若獨自創業最後皆可成功。

內海型

男性多為纖細的鵝蛋型或長方型，額頭很寬，鼻子很長，堪稱英俊型。此外眉毛呈粗密直線型，臉頰稍胖，但

嘴唇很薄。許多官員或實業家屬於此種臉型，若你是一名女性，則注定是個美人胚子。分析、判斷力佳，屬於理智型的人物，然性格略帶有些神經質。這類型的人多半能成為社會上有名的學者藝術家、實業家、銀行家。

狹長海型

臉型多為四角型或倒三角型，臉部和額頭普通，臉型窄，下巴也較細長，眉頭經常深鎖著。性格頗為積極，毅力夠，即使發生了什麼天大的事，隔天就馬上煙消雲散，海闊天空，總之叫他做任何事都不會出錯。

Q32 樹

在Ａ、Ｂ、Ｃ、Ｄ、Ｅ五種樹木，你最喜歡哪一種呢？

「從一個人喜好"樹木"的種類和描繪的方法，也可了解其性格。」——這是瑞士的一名心理學者提出的論調。最近法國的學者史特拉，也正根據此法判斷一個人的職業。

事實上根據你所喜愛的樹木的類型，正可幫助你了解未來適合從事的職業，投機的類型及喜好異性的類型。

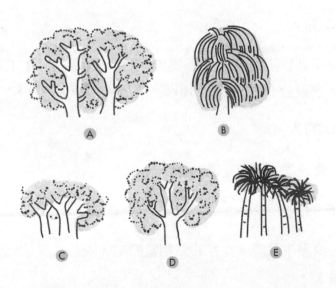

A32 你適合從事什麼職業

選A的人

最近由於失戀使得性情變得孤僻起來，你的人際關係也因此亮起了紅燈。心情顯得焦躁不安，做任何事無法細心考慮清楚，連帶導致錯誤不斷。

選B的人

理論上的判斷力很強，做任何事都保持高度的警戒心。但過分考慮的結果，往往錯失許多良機。

選C的人

深具冒險心及不屈不撓的個性，做事積極，工作順利。熱衷於一些投機性的事業（如房地產，股票）。

選D的人

貴族型，憧憬高級的事務。

選E的人

浪漫主義型。女性的話相當體貼，堅信「愛情比麵包重要」。

如前五種樹木中，你最討厭的又是哪一種？從你最討厭的樹木中，也可看出你最怕交往的人。

最討厭 A 時

最怕運動健將、身材魁梧型，特別是臉型為四角型的人。

最討厭 B 時

最怕身材肥胖、行動遲緩的人，特別是臉型為圓型的人。

最討厭 C 時

最怕手長、腳長的人，特別是下巴突出的人。

最討厭 D 時

最怕戴著一副眼鏡的知識份子，特別是額頭寬的人。

最討厭 E 時

最怕纖細型的女子。特別是鼻小、鵝蛋型臉的人。

Q33 畫圓

圖 1 有三個小圓排成三角形狀。

請在該圖形上任意加上另一個圓（大小、位置自定），你會畫出如圖 2 中 A、B、C、D、E 中的哪一種？

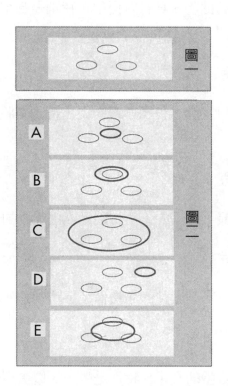

A33 投機強弱的時機

從畫圓的方式可觀察這個人潛在的心理狀態。

A 冷靜型

凡事能從理性的角度思考，這類型的人很聰明，做任何事都能事先考慮到後果。三個人之中即有一人屬此類型。對戀愛和異性問題略顯消極。

B 對金錢事物有很強的執著心

此外略帶神經質，容易鬱鬱寡歡。很容易瘋狂地愛上一個人，一旦結婚就會漸趨穩重。

C 個性積極具冒險心，適合投機性的副業。

對戀愛很積極，女性的話，對男性有很強烈的欲求。

D 習慣隱藏感情，對事物缺乏積極的態度。

一個人失戀或工作失敗時常會畫出此圖形。

E 個性不穩定容易發脾氣所以人緣不好，最好避免從事風險性大的投機行業

在戀愛過程中常會跟情敵發生口角。

Q34 鑰匙的材質為何？

假設池塘附近忽然掉落一把大鑰匙，你想它會是什麼
質料做的？

1鐵　2木　3金　4銀　5銅

由此測驗可了解
你「現今的狀態」及「憧憬的事物為何？」

A 34 社交性測驗和緣分診斷

1 鐵—— 現實型。不愛做白日夢，凡事按部就班，人際關係不錯。但目前的你較不順。

2 木—— 你的內心似乎很疲倦，或對目前的生活稍感不滿。目前的你正需依賴旁人的協助以度過難關。

3 金—— 目前正是你運氣最好的時候，任何事往往皆能心想事成。

4 銀—— 你的心思極為縝密，凡事都能考慮周到。目前正是你對愛人求婚的最佳時刻，此外現在也是你財運的最佳時刻。

5 銅—— 你相當有自信，具有敏捷處理事情的能力，從不勉強自己做不喜歡做的事。你能兼顧家庭和事業，目前是你從事新事物的最佳時刻。

Q35 你所缺乏的能力

　　本遊戲的目的在於幫助你了解你所欠缺的能力，如創造力、行動力……以便謀求適當的補救，幫助你在各方面有所突破、長進！

A 測驗

（測驗1）你相信超能力能使湯匙彎曲嗎？
A 相信　B 不相信　C 不清楚

（測驗2）某位學者提及，當小孩用紫色畫圖時乃是生病的前兆，你相信嗎？
A 相信　B 不相信　C 不清楚

（測驗3）請看圖中的一對鴿子，你會聯想到什麼？
A 夫妻間的愛
B 世界和平
C 公害

（測驗4）當你看到一對男女在森林中，你會做何想像？

A 他們正在談情說愛

B 在森林中散步

C 往學校的途中

（測驗5）你想右下圖的這名女子正在想什麼？

A 年輕男子

B 狗

C 一串葡萄

（測驗6）你想左下圖的女子在公寓門口和誰聊天？

A 年輕且英俊的男子

B 女性室友

C 不清楚

（測驗7）當半夜鄰近處突然失火，你會先拿走什麼？

A 年輕時候的相簿

B 祖先的牌位

C 皮包（內有銀行存款簿和印章）

（測驗8）你希望獲得以下那一樣生日禮物？

A 五十萬元的遊艇

B 四十萬元的寶石

C 三十三萬元的現金

B 測驗

（測驗1）外出坐車時，突然發現似乎忘了攜帶家門鑰匙，此時你會怎麼辦？

D 折回家去拿

E 打電話回家確定

F 管它的

（測驗2）偶爾出席同學會，當你被推選為下次聚會的發起人時會如何？

D 找理由拒絕

E 只答應這一次，下不為例

F 欣然同意

（測驗3）你想右下圖的男子正要說些什麼？

D 非常抱歉，不是故意的。

E 後面在推我，請忍耐下。

F 顛峰時刻所致，我們也沒想到會這樣。

（測驗4）你想擔任職業棒球的何種職務？

D 負責人

E 後援會會長

F 監督

（測驗5）你突然在某古蹟牆壁的某處，發現了如左上圖般的圖章，請問你會聯想到？

D 正在空中飛的飛盤

E 梳子

F 船

（測驗6）你和陌生人談話時會……

D 沒什麼話講

E 起初很彆扭，慢慢就好了。

F 和任何人都能打成一片

（測驗7）旅遊途中外宿旅館，你睡得慣嗎？

D 總會失眠

E 要聽了收音機才能入睡

F 馬上入睡

（測驗8）走在半路上，發覺你衣服的鈕扣鬆了，此時你會如何？

D 用別針把該處別好

E 把該鈕扣摘下放入口袋

F 絲毫不在意

A 35 解說

　　請在「Ａ測驗」和「Ｂ測驗」中圈出適當的項目。每一項目得二分，請分別計算Ａ～Ｆ的總分。

　　得分最少的項目表示你目前所欠缺的。再將得分記入蜘蛛狀圖形中，並將各得分點連接起來，位於平均線內側的即表示你所欠缺的東西。

F	E	D	C	B	A	
						○的分數
						分

・計分表・

蜘蛛狀圖形

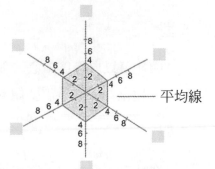

平均線

A 型

你過分注重現實，因而忽略了一般該有的想像力和對愛情應抱持的憧憬！

B 型

你對事物欠缺理性的分析、判斷力，很容易迷信一些事物，並容易情緒化。

C 型

你缺乏冒險和主動的精神，做事過於謹慎，思考過多的結果常使你錯失許多良機。

D 型

你凡事欠缺考慮，以致常有「悔不當初」的遭遇。此外好管閒事也是你的一大缺點。

E 型

你凡事以自我為中心，很少考慮到別人。培養合群性和社交性是你目前最需要做的。

F 型

你缺乏領導能力，常會被周圍「你一言，我一句」的意見弄得不知所措，也就是說你相當缺乏主見。

Q36 現代版的童話測驗

1 灰姑娘 灰姑娘正想去參加舞會時，施魔法的神仙教母出現在她的面前。如果要你寫現代版的灰姑娘舞台劇本，你會怎樣描寫玻璃舞鞋放在灰姑娘面前時，她心裡在想些什麼呢？

A 要是玻璃鞋被體重壓碎了，那可怎麼辦呢？
B 穿上鞋尖窄窄的玻璃鞋，會擠壓到腳趾，真煩人。
C 玻璃鞋一點都不美。

2 小紅帽 你要拍一部以小紅帽為素材的廣告片。下面提供的三組方案，你會採用哪一個？

A 眼鏡廣告片。戴上眼鏡就立刻看清楚祖母是狼喬裝的。
B 胃腸藥廣告片。此藥對大吃大喝的狼非常有效。
C 和大野狼配合演出的防災頭巾廣告片。

3 浦島太郎 浦島太郎從龍宮回到人間後，他打開寶箱後大驚失色，從箱子裡冒出陣陣濃煙。悲傷的浦島太郎……

A 變成了女人

B 變成了海龜

C 變成了海龍王

4 桃太郎 從全新角度重拍「新桃太郎」，並將於新年期間上映。你想看哪一部呢？

A 猴子被桃太郎欺騙，不小心誤中驅鬼計成為犧牲品的悲劇，寫到猴子飛黃騰達的成功故事。

B 正由於他們是鬼，所以他們才倍受迫害，與家人、情人分離。描寫困境中仍頑強生存下來的鬼怪愛情故事。

C 描寫遠離人跡，生活在山裡，哺育桃太郎的仙山傳奇故事。

A36 被人嘲笑、指責時，你如何反應？

得分數

0～4　　A類
5～8　　B類
9～12　　C類

	A	B	C
1	3	1	0
2	0	1	3
3	1	0	3
4	3	1	0

A 心不在焉型

你雖不是目中無人，但總顯得有些冷淡，給人心不在焉的感覺。看到別人有意無意地嘲笑自己，也只會一心想著：「是不是有些不對勁呢？」而不會立即發作。

B 受人嘲笑型

即使受到別人指責，你也不會因此而改變，「得過且過」便是你性格的特點。

C 勇者無懼型

你是不惜激怒別人的那一類。在緊急關頭時，毫無懼色，這種性格往往會幫助你意外地擺脫困境。

Q37 在迪斯尼樂園拍照

　　你和他在迪斯樂園約會。在煙火點綴的夏夜星空下，你們和米老鼠、唐老鴨一起拍下了紀念照片。

　　Ａ、Ｂ兩幅構圖中，你會選擇哪一種呢？

A 37 你的適應力

他站在你的哪一側呢？

讓我們觀察一下，在和你的朋友、情人、上司，兩人並排步行、坐下時，對方是在你的右側？還是左側呢？當然，也請注意一下拍照片時對方所站的位置，然後檢查你自己。

站在對方右側的人

剛愎自用，而且頑固。多數人有強烈地讓對方順從自己意願的支配欲。自信心強，善於應付壓力。為實現意志處心積慮。一旦被委以重任，就會做出超越平常自我能力的事情。行動能力強，受人信任時會倍覺滿足。

站在對方左側的人

易妥協、適應力強。多少有些意志薄弱，但與多數人都能合得來。在遇到突發事件時，大多依靠頑強的韌性渡過難關。不管怎麼說，你是個謙虛的人，這點是錯不了的。

Q38 和鄰居來往

　　這是你將要搬進去的公寓。下面是公寓的正面圖。公寓能居住10個家庭，你將住在其中的一個房間。你想搬進A、B、C中的哪個房間呢？

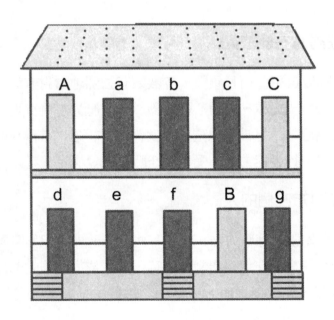

A 38 冷漠還是熱情

並排住的人會變成好朋友。

與自己接近的人更容易結爲朋友。

比如在這一情況中，住在Ａ房的人會比住在ｂ和ｃ房的人，與ａ房的人結爲朋友的機率要高得多。而住在Ｃ房的人會比住在ａ和ｂ房的人更能與住ｃ房的人成爲朋友。而且，擁有兩個芳鄰的Ｂ，比住在Ａ房和Ｃ房的人與其他鄰居交往的機會更多。

不同樓層、上下相鄰的人也比較容易彼此成爲朋友，所以住在Ｂ、Ｃ的人與不同樓層的人成爲朋友的機率就比較高。

對Ｃ而言，他與住在下面的ｇ成爲朋友的機率，會比ａ和ｂ要高。而在ＡＢＣ中，即使兩面住著鄰居，但住在樓梯邊的Ｂ的房間，與鄰居的交往會更頻繁。

選Ａ的人

希望靜心獨處。許多這類的人覺得與鄰居來往「太麻煩」。往往跟人寒暄時不看著對方的臉，甚至連鄰居的姓名也不知道……。

選 B 的人

　　社交型、不甘寂寞的人。熱切渴望有人與之閒聊。不僅僅是愛與鄰居交往，更願意與人相處。待人熱情，但有時會多管閒事，強人所難，給人添麻煩。

選 C 的人

　　與鄰居來往時，不會自己主動做些什麼的類型人。會盡量避免與人衝突，堅持中立。嚴守團體的規則，倒垃圾也會按規定的日期，倒在規定好的場所。

Q39 手握方向盤的人

請看下列檢驗題目，把適合你的選項填進下面的表格。

1 想讓別人搭你的便車

    D 想　　A 不想　　B 以上皆非

2 讓別人搭便車時，開車狀態變化較大

    D 會　　A 不會

3 被人超車時

    D 反超　　A 不會

4 超車時

    D 反超　　C 不在乎

5 跟在大型車後面時

    E 一鼓作氣超過去　　C 自然地超過

6 刹車方法

    A 減速前刹　　D 距離很近再刹

7 等信號燈

    E 一變綠燈馬上起動　　B 發發呆　　C 看別處

8 按喇叭的方法

    F 比較歇斯底里　　D 比較活潑　　F 幾乎不按

9 勉強超車

    F 常做　　B 不常做

10 開車方法

F 很獨特　C 極富自我節奏　A 極規矩

11 車的保養

A 不鬆懈　B 很隨便　C 裝飾過多

12 抄近道

F 抄近道　E 不想抄近道　B 絕不抄近道

	1	2	3	4	5	6	7	8	9	10	11	12
A												
B												
C												
D												
E												
F												

A39 同乘一車才能看清對方⋯⋯

　　人雙手一握方向盤，就性情突變，平常老實守本分的人突然間變成使勁按喇叭、高速狂奔的狂徒。

　　所以要同乘一輛車，才能真正了解一個人的個性。

　　上頁的測驗題目中從A到F哪項最多呢？最多的那個項目就是你的類型。

A. 好惡分明，個性內向。誠實的理想主義者，但不會站在對方的立場上思考問題。

B. 開放、性格開朗，能很快地與任何人融洽相處。行動果敢、機智。

C. 模範司機。開車循規蹈矩，但缺乏靈活性。碰上大塞車也不著急。

D. 做事不服輸、任性。對慢吞吞跑在前面的自行車最不耐煩。許多這樣的人愛慕虛榮，專注於車內裝飾。

E. 神經質、容易擔心。缺乏魄力，有陌生人乘車時，容易緊張。

F. 對自己的開車技術有信心。個性強硬，不聽信別人的意見，我行我素。做事敏捷，有魄力。

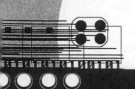

PART 6 洞察人性的能力

一個人對另一個人來說，完全是一個陌生的世界，而只有具有某些共同點的兩個人才可相互溝通。作為一個現代人，你必須對你的對手和你的攻克手段，作出必要的了解，正所謂「知己知彼」、「百戰百勝」。

—— 戴爾·卡內基

這一部分的心理測驗內容，將告訴你：只要遵循卡內基的洞察人性的技巧。你就會在千姿百態的現代社會中，更準確地知道，他會是怎樣一個人？一個人的個性如何？讓你一眼看穿他（她）的真面目。

< < < < < <

Q40 他會是怎樣一個人？

　　人類的喜好厭惡是沒有什麼理由，對待別人也大多出自於一個人無意識的表現。

　　經由了解當你不愉快或厭煩時會有何種反應，再來診斷你這個人的社會「道德」和誠實度，這也是此項測驗的目的。

　　此外當街上出現這項測驗所列舉的女性時，若你是一名男性，你會有何種想法？請從A～D的答案中選先一個適當的。

＜測驗1＞當你看到一位中年男子帶著一名年輕女子進入
　　　　　一家旅館時，你的第一個感覺是……

　　A 這個男人真是不要臉！
　　B 瞧那女孩一本正經，應該有什麼事要辦！
　　C 真是世風日下，我是決不贊同此類事的！
　　D 真羨慕啊！

＜測驗2＞餐廳一角落坐了一大群女孩正在你一言、我一
　　　　　句的高談闊論，目睹此景，你會有什麼感覺？

A 正常！三個以上女人聚在一起定會發生這種現
　象！

B 跟這類女性結婚的話還得了！

C 沒辦法，對女人來說邊吃邊聊可是人生一大樂事
　吧！

D 眞想加入他們的陣容。

＜測驗3＞街上突然出現一位穿戴名貴手飾和皮包的女
　　　　子，你會覺得她……

A 眞高級！一定是個有錢人！

B 虛榮的女人，他的丈夫一定很有錢！

C 跟她的長相眞不配！

D 沒啥稀奇！這年頭誰都戴得起！

＜測驗4＞小吃攤上有一名女子獨自啜飲著酒…

A 一個人，……過去搭訕看看！

B 眞可憐啊，她一定有心事！

C 等一下看看會有何種男子出現！

D 喝酒的女孩較愛囉嗦，還是少惹爲妙！

＜測驗5＞電影院中和你並排坐的一名女子，當目睹一幕

感人的畫面時突然淚流滿面，見狀你會……

A 她一定是爲了某事觸景生情！
B 這家伙可真天真，不過蠻可愛的！
C 被她感動地也想好好哭一下！
D 是很感人，但還不至於感動到令人落淚！

<測驗6＞在擁擠的電車中你被迫和活潑好動的年輕女性
　　　　緊貼著，卻苦於不能轉身，此時你會……

A 近來公共汽車和女子真是令人不敢領教！
B 真是好機會啊，再往前擠一點……
C 哇！身材真是好啊！
D 大概太年輕，所以對任何事都毫不顧忌吧！

A 40　你的待人感覺如何？

　　針對上述各項測驗所述現象，選出一個適當的答案，並參照左列的計分表統計出總分以便選出適合你的類型！

48～42分……誠實型
41～35分……坦率型
34～27分……愼重型
26～20分……小惡魔型
19～13分……暫時失色型
12～　6分……熱情型

測驗＼答	A	B	C	D
1	5	8	1	3
2	8	3	5	1
3	1	8	5	3
4	3	5	8	1
5	1	3	8	5
6	5	3	1	8
合計		得分		

誠實型

　　你總是誠懇地對待周圍的朋友，並希望別人也能眞心誠意地對待你，但因而引起你不喜歡的人頻頻對你示好，使你不勝其煩。若你是一位女性，則你的微笑有俘虜男人心的威力。

坦率型

　　寬大、坦率的你極具人緣。你有洞悉人性好壞的敏銳

觀察力，不會爲了一己的私利做出對不起朋友的事，即使偷偷愛上了朋友的人，你也會黯然地自動退出。你的禮貌周到，又能充分採納長輩、上司的意見，所以頗得長輩及上司的疼愛。

慎重型

你非常愛惜自己，一旦決定做什麼事，事前總是不動聲色，在多方打聽意見、消息的同時，卻也迷惑地不知怎麼做才好，也就是說非常畏懼失敗，卻又極渴望成功。但由於舉止過於謹慎，你往往會失去很多的機會，給你一項建議：「坐而思不如起而行」。

小惡魔型

你是屬於雙重個性的人，有時作風膽大，有時卻瞻前顧後，高興的時候做事跟拼命三郎一樣，但心情一不好就做啥事都不對勁，讓旁人十分頭痛！

你的朋友雖然都吃不消這種反覆無常的脾氣，但是都會原諒你偶爾犯的一些小過失──真所謂「得天獨厚型」。

你略帶孩子氣，故意爲難人的眼光頗令你的愛人憐惜，但過分任性的話，任何人都不會原諒你的。

暫時失色型

你在交友或做事方法上或許略嫌笨拙，但你仍會再接

再厲，愈挫愈勇。建議你不妨多涉獵一些有關人際關係的書，多了解一點人情世故，慢慢來不要慌，你總有成功的一天。

熱情型

自己認為對的事會固執地堅持到底，生命力極強，有不服輸的個性。你一旦喜歡上一個人就會一路愛到底，縱然他已有妻有子，你也會不顧一切的和對方交往下去，所以會造成一些無法避免的遺憾。

Q41 布置自己的臥房

下面有三幅畫，你會選擇哪一幅來佈置自己的臥房？

A 大海彼岸的山脈

B 松林後面朦朧隱現的山脈

C 江流遠處頭的山脈

A41 性格

同樣是山脈，但背後襯托的背景卻不同，由此我們可察覺到一個人的個性，例如「海」意謂感情產生動搖，「松林」代表安全的象徵。

選擇 A 的人

愛恨極為分明的人。一旦認定的朋友，即使為他赴湯蹈火也在所不辭，是屬於正義感很強烈的人，對於厭惡的人就不屑一顧，甚至嫉惡如仇。

選擇 B 的人

個性內向，喜歡一個人獨處，旁人不太容易了解你，但你卻十分值得讓人推敲。

選擇 C 的人

社交能力極好，屬於八面玲瓏的人。

個性相投者

依上列選擇情況相鄰者如下，表示屬於互相投緣的人。

男　A　B　C
女　B　A　C

Q42 你目前的心態？

　　普通人和陌生人或不太熟的人見面時，難免都會有些拘謹不安。這裡有四個測驗，有助於你了解在一天當中和別人相處時的融洽程度。

＜測驗1＞在火車上有對新婚夫妻互相抱怨說著：「真糊塗！怎麼會忘了呢！」
　　　　　你想他們到底在擔心什麼呢？

　　A 沒帶錢包
　　B 沒帶避孕藥
　　C 忘了檢查新居電源的開關
　　D 忘了對到車站送行的朋友說再見

＜測驗2＞公用電話旁有位男子正低著頭跟對方打電話，
　　　　　你想他在跟誰打電話？

　　A 客戶
　　B 上司
　　C 愛人（道歉）
　　D 零用錢不夠

<測驗3>每當你駕駛汽車時，你是以何種手握方向盤
　　　　的？

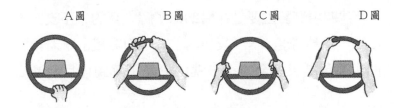

A圖　　　　　　B圖　　　　　　C圖　　　　　　D圖

<測驗4>某書店的老板欲把原定價一萬三千元的書便宜
　　　　賣出，你希望標價多少？

A 一萬三千元

B 一萬元

C 八千元

D 五千元

Ａ42 解說

　　上述四項測驗主要是在幫助你了解本身的「不安、不滿度」、「熱情度」、「反抗心」、「自我度」，若再將此四項測驗結果綜合的話，就可清楚了解到你目前的心態。

＜測驗1＞此測驗有助於了解你的「不安、不滿度」
　　　　Ａ金錢上的不安　　Ｂ對性生活的不滿
　　　　Ｃ對環境的不安　　Ｄ對人際關係的憂心
　　　　Ａ－3分　Ｂ－3分　Ｃ－1分　Ｄ－5分

＜測驗2＞日常生活的「熱情度」Ａ和Ｂ是以工作爲中心的人，Ｃ和Ｄ爲生活享受型。
　　　　Ａ－5分　Ｂ－3分　Ｃ－3分　Ｄ－1分

＜測驗3＞確定「反抗心、反撲力」的測驗，具有敵意的人和討厭型的人對方向盤的握法也各有不同。
　　　　Ａ爲愛漂亮的人，Ｂ爲安全主義型的空想家，
　　　　Ｃ具有反撲力、倔強型的人，Ｄ爲安定型。
　　　　Ａ－5分　Ｂ－1分　Ｃ－5分　Ｄ－3分

＜測驗４＞此項測驗有助於了解「自我度」。以自我爲中心的話會考慮較便宜的價錢而選擇ＣＤ，若你是考慮到老板的立場則會選擇Ａ和Ｂ。

Ａ－１分　Ｂ－３分　Ｃ－３分　Ｄ－５分

合計總分後可了解你大致的心態。

◆４～９點……（消極型）你處理事情時總是瞻前顧後，考慮過多了，顯得過於消極，事後才不停抱怨：「那時我這麼做就好了……」，培養樂觀的態度，加強本身的自信是目前你最需要存有的心態。

◆１０～１５點……（平常心型）凡事順其自然，以平常心看待一切的事，如此不僅在工作或交朋友方面都能得心應手。

◆１６～２０點……（意志型）凡事都有堅持到底的決心，遣詞用語上也相當用心。時常會因意見不和與對方爲敵，但朋友也不會太少。

Q43 以面相判斷性格的方法

我們在日常生活中，常會不經意地以外表來判斷一個人的性格，譬如「這個人看起來圓滾滾的，似乎不像是個壞蛋。」、「這個人瘦巴巴的，怪不得略帶點神經質。」遠在二千年前，就有人根據體型來判斷一個人的個性，譬如希臘的 Aristarchus 就曾這麼論過：

性格和身體組織雖無直接關係，但性格卻會受到身體狀態的影響（Aristarchus 人相學）

但這種論調，迄今在學術界尚未被確立。

在現今的研究領域中以 Aristarchus 和 Shellt 的研究最有名，現在許多人也都知道可依據體型將人分為削瘦型（分裂氣質）、肥胖型（循環氣質）、筋骨型（癲癇氣質）。

在以下的心理及面相的遊戲中，我們將從臉型、下巴的形狀和耳朵的位置等特徵來探討一個人的個性，在了解自己的同時，也可進一步清楚在別人眼中的你，到底是個什麼樣的人。

有些人慣用臉上的各部位器官來判斷一個人的性格，例如眉毛細又長的（俗稱新月眉）脾氣較溫和，嘴唇薄的人屬於「情感理智型」。然而，最有效的方法還是從整個臉來判斷。

下面我們做一系列遊戲將人的臉分上庭、中庭、下庭三個部分，各代表一個人的智力情感及意志力，鵝蛋型乃至菱角型臉的人則感情特別豐富。

　　我們將一個人的臉型分為七種，每一種臉型均有其不同的個性，找出屬於自己的臉型以期了解自己的性格。

● **您的臉型像哪一類型？**

A43 解說

一個人的臉可分成七種型，你是屬於哪一種呢？

A 圓臉型

（性格）明朗型。好管閒事，對別人的要求總是有求必應，為人頗具幽默感，但也可能會為了一件小事而生氣。

（適合的工作）一般商業性及社交性的工作。最適合擔任會議主持人、人事主管及營業人員。

（特性）因為你的協調能力極佳，所以在一般公司所舉行的旅遊和康樂活動中總是擔任幹事的角色，乾脆的個性使你頗得人緣，但你的自尊心很強，不容許別人瞧不起你。

B 四角型的臉

（性格）外向，好動型，對事情相當執著，通常是不達目的決不終止。

（適合的工作）軍警人員、駕駛、飛行員。

（特性）完美主義者，對別人的要求極為嚴格，所以常會得罪同事和部下，和上司間的意見也常會相左。

C 細長型的臉

（性格）膽子小，個性較溫和故不擅交際。創造力豐富，但稍欠堅韌性。對人很有禮貌，是位理想主義者。

（適合的工作）詩人、音樂家、記者、文案撰稿員、教育工作者。

（特性）時常會發表一些奇想及點子，但不見得全會付諸實行，這也是你最大的缺點。對服飾極為挑剔，往往在工作以外的領域能一展長才。

D 堡壘型

（性格）往往會將全部的精力投注於自己熱衷的某件事上，屬於一絲不苟帶有潔癖型。

（適合的工作）科學、技術及醫學的研究工作。

（特性）過分自信往前衝的結果反而導致失敗，若能按部就班，則往往能成就非凡。

對任何事都充滿興趣，點子特多，然這類型的人一旦喪失自信，可能就比普通人更容易沮喪。本身喜好變化，對調職一事亦頗能適應。

E 鵝蛋臉

（性格）感受性豐富，擅於交際。這類型的人發言具有說服力，具有領導型人物的素質。

（適合的工作）和機械、土木、建築有關的工程師，在公司則適合管理部門的事務。

（特性）具有處理困難問題的能力，但也有誤判的情形。做事積極，缺點是有時會過分奉承上司。

F 倒三角型臉

（性格）虛榮心甚強，渴望受人重視。

（適合的工作）政治家、藝術工作者及外交官。此外也適合擔任秘書的工作。

（特性）相當自傲的一個人，若旁人當面指責你的缺點，你會立即惱羞成怒。

你相當在乎職位的高低，尤其喜歡頭銜。你不適合做一名推銷員，因為你很難拉下臉對顧客低聲下氣。

G 混合型臉

（性格）逆來順受的一個人，不喜歡嘗試冒險性、反抗性的事物。

（適合的工作）適合必須加以訓練的專業性及技術性的職業，要碰上好的領導者才能幫助其快速成長。

（特性）家庭第一的人，然而耐性、毅力卻不夠，所以只願在正常的上班時間內絞盡腦汁，而不願在工作以外的時間為公司盡力，因此也會阻礙自己進一步的發展。

Q44「下巴」形狀判斷法 I

　　下巴往往能表現一個人意志力和精力的旺盛與否。想知道男性在社會上是否可以出人頭地，可從其下巴的形狀看出端倪，請拿出鏡子照一下側面的下巴。

　　現在將鼻尖到下巴最尖處的距離訂為「A」，下巴的深度（從下巴的最尖處到下巴的骨頭往上拉所到之處）為「B」，再來比較A、B的長度。

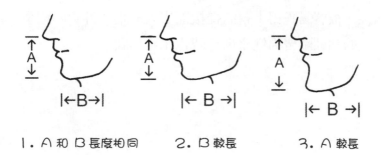

1. A和B長度相同　　2. B較長　　3. A較長

Ａ44 解說

　　1. A和B長度大致相同的人……認真型，若加倍努力則早晚會成功，20歲是一個很好的機會。這類型的人性格上堪稱安定，往往能將別人交待的事圓滿地做好，但有時判斷力會稍嫌不足。

　　女性堪稱為慎重型，也是位賢妻良母型。

　　2. B較長的人……往往會錯過許多原本可以成功的機會，三十歲是一個很好的機會。

　　3. A較長的人……具有領導能力，又具有不屈不撓的個性，很容易獲得上司的提拔而出人頭地。外柔內剛型，女性的話則略帶男性化，有時也相當頑固。

Q45 「下巴」形狀判斷法 II

　　法國的面相術中，相當重視下巴的形狀，認為它和人類本能的意識有直接的關係，譬如下巴結實的人表示忍耐性較強。

　　接著請從圖中選出一個最類似你正面下巴的形狀。

A. 纖細型　　B. 半月型　　C. 四角型　　D. 膨脹型

A45 解說

A 纖細型

在某些技術性的工作上具有特殊的才能，適合從事於設計師的工作，若你是一名女性，則在烹飪、料理上獨具手藝。

你具有獨特的審美觀念，所穿著的服飾總是站在流行的最前端。

此外，你極喜歡布置自己的房屋。

B 半月型

適合從事推銷、洽商等外勤事務，你的社交能力相當好，所以深獲上司及長輩的信賴。

C 四角型

公認的領導人物型，做事認真、負責。此類型的女性溫和、親切。

D 膨脹型

是個很能幹的人，所以常可把每一件事做得很漂亮，缺點是不容易貫徹始終。

Q46 耳形判斷法 I

　　從一個人「耳朵」的大小，及所在的位置也可了解其性格和行動力。

　　面對鏡子（三面鏡最理想），從正面仔細觀察自己的臉部，視線維持和自己眼睛同高，朝四周望去，耳朵的大小及位置即可一目了然。

　　請從上圖所畫的二個圖Ａ（小耳）和Ｂ（大耳）中選出屬於自己的類型。

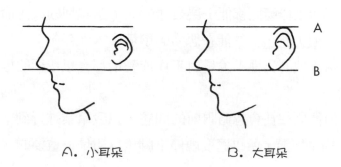

Ａ. 小耳朵　　　　　　Ｂ. 大耳朵

A46 解說

A 小耳朵的人

略帶神經質，對別人不經意說錯的話總是耿耿於懷。

然這類型的人做事態度謹慎、認真，若能將眼光放遠一點，則更能成就一番大事業。

此外應注意的是，與這類人士交往時措詞要小心，以免引起誤會。

B 大耳朵的人

任何工作範圍都能一展長才的人。這類型的人生命力旺盛、耐力夠，往往能在惡劣的環境中求生存。

這類型的男性不論是對工作或愛情都會以積極的態度面對。

但他們往往會忽略眼前的問題，以致事業進行到一半容易橫生枝節，所以適度地停下腳步反省是很重要的。

Q47 耳形判斷法 II

面對鏡子從鼻子起畫一道水平線，然後以目測觀察耳朵的下端位於此線的上端或下端？選出你是屬於A～C的哪一型？

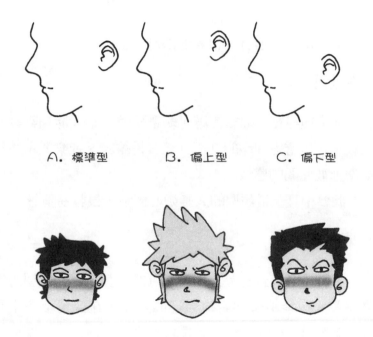

A. 標準型　　　B. 偏上型　　　C. 偏下型

A47 解說

A 標準型

此類型的人具有明朗的性格也極富同情心，能熱心的解決別人遭遇的問題，性格上較偏向男性。和這類型朋友交往較有安全感，但下巴的形狀也會造成這類型的人在性格上及才能上的差別，故會造成這類型的人在性格上及才能上的差別，故還有待和其他部份臉型比較研究。

B 偏上型

略帶神經質，拙於言辭，略帶靦腆，不太能和喜歡的人親近。但透過興趣的交流（尤其是繪畫、音樂），往往能增進彼此間的感情。

此外小耳朵這類型的人嫉妒心極強，很容易猜忌。

C 偏下型

乍看之下較容易予人不易接近的感覺，但此類型的人做事乾脆，能清楚地表達自己的意見，在商場上多半是「老闆級」的人物，社會上成功的政治人物也多半屬於這類型。

Q48 握杯方式判斷法

　　握杯喝水是日常生活中發生頻繁的一個小動作，但從每個人不同的握杯方式中，卻也可以表現出不同的性格。
　　你的握杯方式又是以下哪一種呢？

　　A 手握玻璃杯的上方
　　B 緊握玻璃杯的中央
　　C 手握玻璃杯底部
　　D 時時以雙手握住杯子
　　E 喝時搖晃著杯子
　　F 邊拿杯子邊吸煙

A 48 解說

　　各位不妨從參加親朋好友的宴席和公司聚餐的時候，觀察一下大家握杯的方式，就不難歸納出以下幾點事實。

A 手握玻璃杯的上方

　　這類型的人個性相當爽朗，是個樂天知命的人。

B 緊握玻璃杯的中央

　　適應性佳，對人極為友善，往往能將朋友委託的事盡力做好。

C 手握玻璃杯底部

　　靦腆型，多半具有神經質，常會為一些小事無故彆扭起來。然這類型的人多半具有藝術家的天份。

D 時時以雙手握住杯子

　　有些人右手握著杯子，杯子一旦滑落，就以雙手握住杯子。

　　這類型的人不擅與人交往，所以常是獨來獨往，然對異性卻頗感興趣。

E 喝時搖晃著杯子

這類型的人相當好動，對任何新鮮的事物都充滿興趣。

F 邊拿杯子邊吸煙

這類型的人對本身相當有自信，若能從事自己有興趣的工作，往往能充分發揮實力。

Q49 從毛巾取法觀察

我們一般到餐廳或快餐店用餐時，侍者首先都會遞上毛巾和開水。只要你細心觀察可得知一般人大致有以下兩種取用毛巾的方式，想想看你是哪一種？

A 砰一聲戳破塑膠袋後取出

B 小心撕破塑膠袋封口後取出

A49 解說

　　有些人喜歡拿起毛巾，像在戳破汽球似的誇張，有些人則是靜靜地的拿起來使用，此兩者有相當不同的區別，你到底像哪種人呢？

A 型

　　砰一聲戳破塑膠袋後取出，這是許多男性常有的動作，但初見面的女性會很不喜歡對方這種動作。

B 型

　　整齊地處理、取用，除了毛巾，像砂糖包、吸管、餐巾紙等都能整齊乾淨整處理取用的人，通常是個性溫和、溫文有禮的一個人。

Q50 你愛喝咖啡嗎？

　　你愛喝咖啡嗎？為什麼？

　　你坐在一家安靜的咖啡店裡，咖啡杯放在你的面前。
杯裡的咖啡有多少？

　　【　　　　　　　　　　　　　　　】

　　咖啡與人生的共同點是什麼？

　　【　　　　　　　　　　　　　　　】

A 50　咖啡和人生觀的關係

　　「你的人生觀是什麼？」這句話一般是很難正面打聽的，被問到這個問題的人往往不是避而不答，就是亂蓋一通，根本無法得到真正的答案。

　　這種情況下，應將問題偽裝起來，委婉、迂迴地誘使受訪者說出心裡真正的想法。

　　咖啡的量表示著現在對自我的滿足度。

　　另外，第二題表面上好像是問：「咖啡與人生的共同點是什麼？」但簡言之，其實不外是在問你：「你的人生觀是什麼？」

　　用這個問題來發掘你周圍人的內心世界吧！

Q51 你愛喝什麼酒？

　　喝酒的癖好最容易反應出一個人的性格。你喜歡喝什麼酒呢？是啤酒？威士忌？雞尾酒？還是……？

A51 由喜愛的酒判斷交友方式

高粱

　　講義氣的人。喜愛社交、愛扶危濟困。無論工作、玩樂都很投入。合作協調性強，不會嫉妒他人。

啤酒

　　樂於為他人服務。很靈活，無論和誰也能適當地協調合作。對金錢方面條理清楚。朝氣蓬勃，精力旺盛，容易給人留下好印象。外表看起來有一點冷淡，實際上常常是動輒哭泣的真性情人。

雞尾酒

　　重視情調的浪漫主義者。易被感情的漩渦牽引，不喜歡進行邏輯性思考。

清酒

　　喜歡品嘗酒的本身。愛好明確，與自己個性不相投的

人，從一開始時就保持距離。反之，對於曾幫助過自己的人和親密的朋友，則保持著發自內心的長久友情。

葡萄酒、香檳

忌諱多，對新事物著迷。愛慕虛榮，重視周圍人對自己的評價。志向遠大，對情人的要求尤其高。

威士忌

摻水喝的人，富於協調性，做事靈活，重視人和。不摻水喝的人，不裝腔作勢，性格開朗，好惡總是形於色。

Q52 愛情騙子實錄

「我碰上了一樁好買賣，我想你一定也想參一腳。我已經做了初步接觸，如果不快點投資，也許會被別人搶先了。不過需要先交兩百萬元的訂金，現在還差四十萬元。很抱歉，你手頭是否方便？這確實是個好買賣，不快點就來不及了！」

一天，與林美交往半年的男人向她說了這樣一件事。林美進入公司工作已是第四個年頭，一心盼望結婚離職。此時的她，正等待著這個男人向自己求婚。當然四十萬是個大數目，但她正好有為結婚而準備四十萬元。要是你的話，你會默不作聲地把錢交給他嗎？還是向他問清楚？

其實，這個交往半年的他，正是一個結婚詐騙犯。

請回答以下問題：

1.假設你被騙四十萬元，錯在……

　　A 自己

　　B 對方

2.假如結婚詐騙犯事後真心愛上了林美，那麼應該原諒他嗎？

　　A 該原諒

B 不能原諒

3. 如果結婚詐騙犯後來後悔，終於眞的和她結婚了，
那麼他的所作所爲是不對的嗎？
A 沒有什麼不對的
B 還是不對

4. 如果林美明明知道他在撒謊，還把錢交給了他，你
認爲那是……
A 因爲愛的緣故
B 傻得令人難以置信

5. 林美看破了他的謊言，沒有給他錢。但是她仍愛著
他，還想和他來往。你認爲她……
A 像個傻子
B 因爲愛的緣故

● 得分表

	1	2	3	4	5
A	0	0	3	3	0
B	3	3	0	0	3

A 52 謊言從眼睛和嘴中流露出來

人在撒謊時，如果你從他的話中找不到一絲破綻，這時就要檢查他的眼睛和嘴。撒謊時，人總是擔心會從這裡把實情洩漏了出去，就會不斷地做出用手摸這些部位的動作。比如揉揉眼睛，遮遮嘴、皺皺眉、擦擦眼鏡等，這些動作叫作「代償行為」。

如果撒謊者對撒謊毫無羞愧的話，那自然就看不到這種動作了。

得分在0～4之間

你的典型想法是：「撒謊沒什麼了不起的，只要不讓人識破就得了，上當的人才是笨蛋呢！我實在太喜歡、太喜歡撒謊了！」

得分在5～9之間

一旦對方追根究底，你的心虛馬上就流露到臉上。太好了！太好了！這表示你還是個有良心的人。

得分在10～15之間

也許是你太單純，也許是你太遲鈍，很明顯的謊話就能使你上當受騙，唉，你真是個大好人呀！

PART 7 人際關係通用技巧

在人際關係中，最能表現心理的語言是敬語。它是心理
上的一種潤滑劑。打動人心的最佳方式，是跟他談論他
最珍貴的事物。當你這麼做時，不但會受到歡迎，也會
使生命獲得擴展……

—— 戴爾·卡內基

這一部分內容給我們提供了多項有趣的心理測驗遊戲，
在思考日常生活細節和旁人舉止的同時，你是否實驗過
卡內基有關人際關係的通用技巧，如果是這樣的話你便
能充分了解到如何做一名受歡迎的人。

< < < < < <

Q53 你的第一印象如何？

　　縱然每天照鏡子，但仍有許多人不明白自己的面孔，會對周圍的人造成怎樣的「第一印象」？

　　事實上鏡中的自己和現實有著極大的差別（左右和實際相反）。

　　想要知道你給別人的形象是哪一種類型嗎？請仔細做以下的測驗。

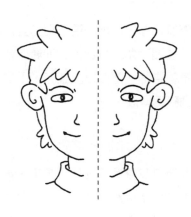

你的第一印象——其I

Q1 頭髮的分法

A：中分

B：左偏分

C：右偏分

D：沒有中分或偏分

Q2 當你和別人說話時，目光大多會注意對方的哪一處？

A：嘴

B：眼

C：臉

D：不大看對方

Q3 請對鏡子咧嘴一笑，並請注意你的鼻子和唇間，是否有橫條的皺紋？

A：橫向有一條很長的皺紋

B：有短皺紋出現

C：沒有皺紋

Q4 你的聲調接近下列哪一種？

A：尖銳高亢聲

B：響亮聲

C：輕柔聲

D：普通

Q5 每當看到照片中的自己，你的第一個感覺是什麼？

A：照得真好

B：照片比本人難看

C：馬馬虎虎

D：總覺得不對勁

Q6 請照鏡子觀察你目前牙齒的情況？

A：有蛀牙，牙垢很多

B：一口潔白的牙齒

C：雙重齒

Q7 目前你的左手指甲的外觀如何？

A：指甲很長，且其中藏污納垢

B：整排剪得既短又整齊

C：留有一點指甲，但很好看

Q8 和別人聊天時，你的手勢如何？

A：幾乎不用到手

B：手經常擺動

C：手大多掩住口

你的第一印象——其 II

Q9 你坐在椅子上時，大多是採下列何種坐姿？

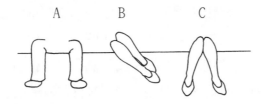

A　　　B　　　C

Q10 擁擠的公車中，你會修飾一些不雅動作嗎？

A：時常

B：一、二次

C：沒有

Q11 你會對初次認識的女（男）人展開進一步的約
　　　會行動嗎？

A：二、三次

B：一次

C：完全不會

Q12 被長輩、上司、老師責備時，你會生氣嗎？

A：不會

B：偶爾一、二次會

C：時常會

　　說話時心平氣和注視著對方的人，比戰戰兢兢說話的人，更能引起別人的信賴。此外，以響亮、強而有力的聲調說話的人比以尖銳、高亢聲調說話的人更具魅力。總之，要給予別人良好第一印象的因素有很多，上述試驗即在幫助人了解這一點。

　　計分方式請參考下列的計分表，並將12題的得分合計後找出屬於自己的類型，有關各類型的解說，請參考下面。

計分表

12～25分……A型

26～39分……B型

40～53分……C型

54～60分……D型

測驗＼答	A	B	C	D
1	1	3	3	5
2	1	5	3	1
3	5	3	1	
4	1	5	1	3
5	5	1	3	1
6	1	5	3	
7	1	5	3	
8	5	3	1	
9	1	3	5	
10	3	5	1	
11	5	3	5	
12	5	3	1	
合計				得分

A 型：閉塞封鎖型

你總是扳著一張臉孔，極少微笑，所以別人會認為，你是一個較冷酷且無情的人，而與你保持一段距離。

B 型：一般型

你不會對旁人造成惡劣、不好的印象，但因形象屬於「大眾化」，所以也很難造成醒目的第一印象。

C 型：好感度出眾型

你的親和力和適應力都極好，幾乎和你見過面的人，都會對你留下好的印象。

D 型：個性形象強烈型

你給予別人的第一印象異常的好，和你初次見面的人都會有似曾相識的親切感。但因此也會招來誤會，導致一些你並不喜歡的人向你求愛。

Q54 造成良好印象的第一要訣

　　良好的第一印象，影響以後的人際關係很大！縱使日後行為上有些許閃失，別人仍會給予體諒的。

　　但是如果第一印象產生十分不良的話，日後就很難扭轉別人對你既有的成見，這是十分重要的一個變化，你不能不仔細些！欲建立良好人際關係的秘訣有以下五點

1 開朗的態度

　　人際關係好的人，一定是臉上掛著微笑的人，這類型的人往往能以開朗的表情和說話方式與人交談，所以往往能迎得對方極大的好感。

2 注重清潔感

　　不清潔的外表往往會造成惡劣的第一印象。例如某位衣著時髦，但鼻毛卻不知修剪，並不時露出一口大黃牙的女性是非常惹人厭的。

3 避免身上的異味

　　某些人往往不易察覺到本身具有的腳臭、口臭及體臭味，但這些異味往往會令人卻步三分，所以有上述缺點者

不妨多注意，必要時可擦些香水。

4 避免不當的表情、姿勢

　　人們在日常生活中，常會不經意做出一些小動作，這些習慣動作看在旁人眼裡總會貽笑大方：例如將手指放入口裡、勾肩搭背、伸舌頭、皺眉、及不雅的坐姿和行為。

5 主動地和人打招呼

　　想要獲得友誼，不如主動伸出友誼之手。

Q55 人類表情的研究

「方形臉」較不具人緣，但有些喜劇名星卻屬於方形臉仍大受歡迎！聽起來似乎挺矛盾的，不過細究其因可知「表情」是其中的一大關鍵。

因此我們來概略的分析一下人類臉部的基本表情。

上圖特將人類臉部分為四部分，右上部為Ａ，左上部為Ｂ，左下部為Ｃ，右下部為Ｄ，你能區分出四種表情的所在區域嗎？

① 思考、冷靜　② 意志力、行動力

③ 情感的表達　④ 精力、性的需求

答案如圖所示。

以下爲答對數和對人理解度之間的關係。

3代表感情表達
的先天領域

1代表思考、冷
靜度的社會領域

4代表精力、欲
望渴望的領域

2代表意志力、
行動力的領域

答對4題：非常了解人性。

答對3題：通曉人際關係少的人。

答對2題：具備普通知識的人。

答對1題：糊塗蟲一個。不懂人情世故。

答錯全部：簡直有點遲鈍。

將臉部分爲上下二等分（中心放在鼻的中間）時，上半部分有眼睛和額頭，表示思考、理解力及感情。相對地下半部分有口、下巴、鼻孔、表示本能、耐力和活動力。

另一種分法是將臉分成左、右兩邊，右邊一般帶給人柔和的印象，左邊則容易產生無情、孤單的感覺。

Q56 隨意變換自己表情的方法

　　「表情研究」的應用篇。Ａ欲露出敏銳性時、Ｂ欲表現優雅的姿態時，必須活用前頁臉部圖的哪一部分？

A 56 解說

　　配合場面和對手，再加上有效的表情，就一定能加深別人對你的印象方法如下：

欲強調冷靜、敏銳性時→A 活用左上部分

　　臉部的左上部分表示一個人在冷靜地思考。眉宇間不經意露出的皺紋往往能看出一個人正在沈思，然而過分強調的話，就會帶給旁人不快感。

欲表現優雅的姿態時→B 活用右上部分

　　臉部的右上部分表示體貼、溫和的感情。現在聞名於世的情調歌王——胡立歐，每每在登台演唱情歌時，就擅長活用他臉部的右上部分，也因而擄獲了許多女歌迷的芳心。

Q57 人際關係的能力

　　此測驗在於了解你處理人際關係的能力。以下有八個和朋友相處的情形，遇到不同的場合，你會有何種舉動？

＜測驗1＞你朋友送你一份生日禮物之後，經你到百貨公司查詢得知這份禮物價值二千元，那麼下次當她生日時你會送她多貴的禮物？
　　Ａ：五百元
　　Ｂ：也是二千元
　　Ｃ：二千五百元

＜測驗2＞你和朋友走在街上，發現前面聚集了一堆人，並有警察在其中。你朋友好奇地說：「要不要去看一下？」此時你會有什麼反應？
　　Ａ：向人堆裡走去
　　Ｂ：對友人說：「我怕，你去好了！」
　　Ｃ：「算了吧！」
　　Ｄ：向旁人打聽情形！

＜測驗3＞下面的漫畫圖中有一個人對自動販賣機投下了零錢後，卻沒有出現任何東西，於是他向老板

抱怨，你想在第三圖中的老板會有什麼反應？

A：「你真的把錢投進去了嗎？」

B：「機器壞了，那麼退你錢好了！」

C：「敲旁邊看看！」

D：「我不知道怎麼回事！」

＜測驗4＞你和朋友一起去卡拉ＯＫ唱歌你通常會選擇在
　　　　什麼時候唱？

A：最先唱

B：第二個唱

C：第三個或最後

＜測驗5＞如你有機會擔任電視劇「包青天」的演出，你
　　　　想扮演以下哪一個角色？

A：包公

B：王朝或馬漢

C：除了A、B以外的角色

<測驗6＞你搭乘電車時，會選擇下圖的哪一個位置？

<測驗7＞你在圖書館借了一本書和朋友一起閱讀，當看到其中一頁的附圖你很喜歡，你會有什麼反應？

A：很技巧的撕下後不動聲色地將書還給管理員。

B：到書店挑選一本相同的書！

C：去拷貝一份！

<測驗8＞你和友人一起去參加小學的同學會，當大家不斷奉承一位昔日成績不如你，長得也沒有你好看的朋友時，你會怎麼樣？

A：推說有事，早早回去

B：不在乎

C：和他一較長短

D：找一個遭遇較相同的人聊天

針對下列的計分表計算出總分，並找出屬於你的那一型。

計分表

  8～13分……A型

14～20分……B型

21～27分……C型

28～34分……D型

35～40分……E型

測驗＼答	A	B	C	D
1	1	3	5	
2	5	1	3	3
3	1	3	5	1
4	5	3	1	
5	1	3	5	
6	1	3	5	
7	1	5	3	
8	1	3	5	1
合計				得分

A型：謹慎消極型

你總喜歡一個人獨自默默埋頭苦幹，而不願與人分享你的成敗，你對初次見面的人很怕，所以別人很難深入地了解你。

對事情往往具有獨到的見解，但處在一個注重群策群力的現代社會中，你必須學會充分表達自己的意見，若你是一名領導者，則更有必要確實修正本身的消極處世態度。

B 型：情緒型

對待人沒個準繩，很可能一開始如膠似漆的朋友，到頭來卻反目成仇：原本勢不兩立的朋友卻成了莫逆之交。人際關係可說是「彆扭」型。

C 型：順應型

這類型的人很會控制自己的情緒和旁人交往，所以人際關係很不錯。縱使很討厭對方，但絕不會把不滿的表情形於色，所以往往能將棘手的事情協調得不錯。

D 型：社交型

這類型的人極擅長交際，即使對待自己並不喜歡的人也相當友善。正因為他們的性情很開朗，連帶地影響周圍的人，所以和這類型的人交往相當自在、輕鬆。

E 型：積極領導型

這類型的人以自我為中心，相當憧憬耀眼的事物，最看不慣唯命是從的人，往往能充分發揮自己的能力，但也因此時常會和別人的意見相左而發生齟齬。

Q58 該走哪條路呢？

　　春光明媚的午後，你在公園裡悠閒漫步，走向中心廣場的噴水池。老年人、父母子女與情人們坐滿廣場的座椅，突然間，從A路上有人向廣場走來。

　　你會走哪條路呢？

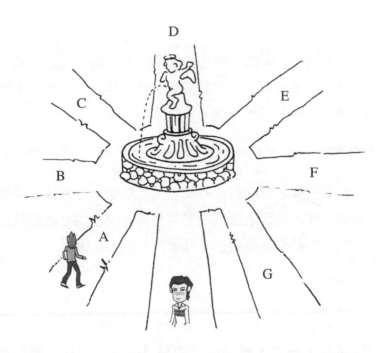

A58 你的人際關係如何？

走A路

你極易怒，屬支配型的人，如果不順自己的心，就會大動肝火。總是很注意別人說話的細節、常感到別人話裡帶刺。要嚴格慎用壓制性、命令式的語氣。

走B路

你是個待人熱情、內心卻寂寞的人。如果太過熱情，就會變成令人討厭、無可救藥的家伙。雖然充滿愛心，但不善識人。應再謹慎一些。

走C路

做事穩重，有協調性。和任何人都能合作愉快。這種人幹勁充足，表面上雖然是笑容滿面，但在內心裡卻是好惡分明，堅持拒絕讓自己不喜歡的人闖入私生活。

走D路

別人是別人，自己是自己。不願求助他人，也不插手別人的事。總之，就是自己的路自己走。不善於體貼別人，但有領導才能。

走E路

你是個做事慎重的人。由於做事尊重客觀，因此在人際交往上頗能取得平衡。這種人很理智，對人和善。但在戀愛方面往往進取心不足、損失慘重。

走F路

你是「在家一條龍，出外一條蟲」型的人，氣量狹小。建議你不要太拘小節，不妨活得更放鬆一些。一般來說，覺得與人交際是件麻煩事的人往往會選擇F路。

走G路

你的性格懦弱。常常連自己活著這種事也覺得是給別人添了麻煩。你有獨特的想法，卻無法發揮出來。不妨厚著臉皮，做點惹人嫌的事。不是有人說：「惹人嫌的孩子反而有出息」嗎？

Q59 你會怎樣安排晚會的座次呢？

　　你的生日晚會上，你邀請五位異性朋友吃晚飯。你會怎樣安排座次呢？

　　請寫出 A～E 的座位上，分別讓誰坐，請你寫出這些人的名字。

　　你可以虛構出你想邀請的人。

A59 情人的特殊席位是哪個？

　　根據你所寫的五個人的位置，就知道你對那些人抱有什麼樣的感覺。

　　▲ A　　坐在你對面的人是你嚮往的人。你認為他很重要，很尊敬他，對他有所期望，但不想與他發展成戀愛關係。對他隱藏著柏拉圖式的愛。

　　▲ B　　對此人有好感，但除此之外，絕不會超過這樣的感情。

　　▲ C　　你正想主動出擊的異性。你期望與他發展出一段熱烈的戀情。

　　▲ D　　說實話，你並不喜歡他。與他在一起，你覺得很疲勞、很費神，即使你邀請他來，私下卻希望他不要來。

　　▲ E　　他是你希望維持穩定良好關係的人。在你心中，他是個親切的人。

Q60 維納斯手臂的去向

從一八二〇年在愛琴海上的米羅島出土至今，「米羅的維納斯像」在學者、藝術家之間就一直有「兩臂究竟是怎麼擺的」的種種爭論。

假如你就是維納斯的創造者，你會怎樣設計她的胳臂呢，請在下面的四種情形中選出一種。

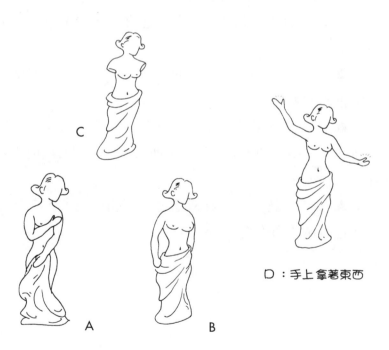

C

A

B

D：手上拿著東西

A 60 你是藝術家嗎？

選 A 的人

你一向給人有品味的印象，選擇手臂向身體內側收擺姿勢的人，對別人的接近有防衛意識。女性給人的印象是「生硬」的，而男性則是「軟弱」的。是純粹的藝術欣賞者。

選 B 的人

休閒畫家型。待人熱忱，心態穩定。選擇這種無防備狀態、穩定的姿勢的人，個性是想給別人留下好印象，有點靦腆。

選 C 的人

開放型、喜愛自由的人。追求「爆發型」藝術，品味稍低。給人有力量、主動的印象。在親密的朋友面前會變得天真幼稚。

選 D 的人

藝術家類型。想像力豐富、獨創性強。但常常自以為是。無恆心、見異思遷，缺乏執著的熱情。喜愛新事物。

Q61 朋友，靠近我！

你決定送花瓶給朋友。

在Ａ、Ｂ、Ｃ、Ｄ之中，你會送哪一個呢？

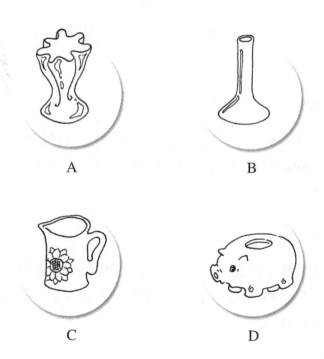

A

B

C

D

A61　交友宜廣？還是宜深？

　　根據欣賞花瓶中的品味，就能知道你的交友方式，關鍵要看瓶口的大小，瓶口越大，交際的範圍越廣。

選 A 的人

　　口徑大的花瓶。你是個和藹可親，但很寂寞的人，你期望朋友多、交情深，但往往不能如你所願。由於你交廣闊，因受到大家的喜愛。但因為你不知不覺中有所保留，別人在某些方面可以感覺出與你之間的距離。

選 B 的人

　　頸長的花瓶。你嚮往著優雅的情趣，醉心於理想化的東西，對於現實反而模糊不清。與人的交際不深，交際只停留在形式上的泛泛之交。自尊心強、嫌惡虛偽，適合與一個人持久地深交。

選 C 的人

　　設計端莊、紮實的花瓶。在他人眼中看來，你是個表裡如一的人，能給人安全感，但你卻不擅長關心人。性格直率，儘管出於無意，卻常常被誤解，心直口快，或者被

認為不關心人。別人常以為你無憂無慮，其實你是個超乎尋常的憂鬱症患者。

選D的人

剛開始你常給人不好接近的印象，但是，經過一段時間以後，你的朋友就會漸漸發覺你充滿了無可言喻的魅力。你最不擅長推銷自我，不善交際。儘管你的朋友不多，但多半交情深厚。像你這種類型的人，最需要的是能成為你與世界的溝通橋樑的朋友。

Q62 回家路上，你會直接回家嗎？

下班或放學返家時，你會不會直接回家？

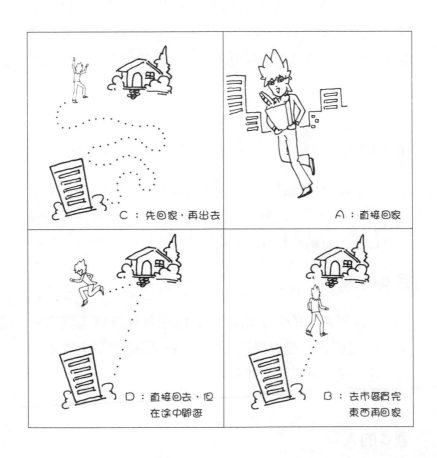

C：先回家，再出去

A：直接回家

D：直接回去，但
在途中閒逛

B：去市區買完
東西再回家

A62 在公司與家之間……

　　悠閒漫步片刻，就能體會擺脫日常生活繁瑣的輕鬆。
　　根據一項調查表明，在從公司到家的途中，約有四成的人會繞道回家，而到了週末，有七～八成的人繞道回家，也就是說直接回家的人只有二～三成而已。可以想見，很多人是希望在人群中沖淡在工作崗位上形成的人際關係之後，再返回家中。

選 A 的人

　　在家與公司間直接往來的人多半是誠實的人。基本上是個表裡如一、不為難別人、正直的人。但是往往有喜怒不形於色，隱藏於自身的傾向。

選 B 的人

　　不直接回家的人，常常是心裡正有什麼解不開的芥蒂。原因可能是在家裡或者是公司，但總之是坐立不安的。也許是不善調節心裡壓力的類型。

選 C 的人

具獨立思考能力的人。善於自我控制，心情經常處於穩定的狀態之中，但也有不靈活的一面。

選 D 的人

最為常見的類型。當天的情緒不佳當天消除。富於靈活性，可以適應任何環境，但容易被周圍事物所左右，時常採取「多一事不如少一事」的態度。

Q63 切蛋糕！你想吃哪個部分？

大家一起分吃聖誕蛋糕。
你想吃下面的哪個部分？

有草莓的部分
有蠟燭的部分
有餅乾小屋的部分
有砂糖聖誕老人的部分
有塑膠裝飾的部分（松樹、聖誕紅）
有巧克力牌的部分

A 63 你的價值觀

有草莓的部分

重視道德觀念，雖然有時會想做脫離常軌的事，但大體上，仍喜歡在受約束的圈子裡平靜生活。由於太先入為主，很難產生新穎的想法，但能在特定的條件下發揮長處。

有蠟燭的部分

很現實的人，重視工作。你最大的興趣就是工作，不知是希望這樣，還是不得不這樣，你非常喜歡自己為工作忙碌奔波的時候。

想吃有餅乾小屋的部分

重視理想，夢幻浪漫型。女性則強烈的想結婚。沉溺於現實中無法出現的幻想，也許是一種逃避現實的心態。

想吃砂糖聖誕老人的部分

非常重視人和與人情，而且很依賴別人。與其獨處，更喜歡與別人在一起。

想吃有塑膠裝飾的部分

重視外觀，拘泥於形式，追求個性，擅長策劃，並能提出令人驚奇的構想，但性情多變。

想吃有巧克力牌的部分

你很重視發揮整體實力，富靈活性。能力較弱之處能以其他方面補全，從而提高整體水準。取得領導權後也能盡職盡責。

Q64 笑的魅力在哪裡？

　　人在各種場合有不同的笑。在以下場合，你會怎麼笑？請從下面的詞例中選擇詞意最貼近的，填在括號裡。同一詞例的選擇次數不限。

●別人對你說：「那件衣服很合身啊！」　（　　）
●考試順利通過　　　　　　　　　　　　（　　）
●失誤被朋友指出來　　　　　　　　　　（　　）
●被情人冷落　　　　　　　　　　　　　（　　）
●看喜劇節目　　　　　　　　　　　　　（　　）
●背地議論公司老板　　　　　　　　　　（　　）
●逗弄寵愛的小動物　　　　　　　　　　（　　）
●考試不及格　　　　　　　　　　　　　（　　）
●在櫃台發現錢不夠　　　　　　　　　　（　　）
●逗弄嬰兒　　　　　　　　　　　　　　（　　）
●喝醉酒時　　　　　　　　　　　　　　（　　）
●與愛慕的人相視　　　　　　　　　　　（　　）

A組：啊哈哈、嘿嘿、嘠嘠、哇哈哈

B組：哼哼

C組：嘻嘻、噗嗤噗嗤

D組：哎嘿嘿、格格

E組：呵呵

只有人才會笑，不僅高興時笑，在攻擊別人、隱藏自己的情緒，變得冷酷無情時，也會笑。笑包含了各式各樣的情感。

A組

心情開朗、爽快、心中沒有芥蒂，對人寬厚，給人安定感。精力充沛的人常這麼笑。

B組

心中有難以名狀的情緒。B組笑容充溢著莫名其妙的不安，抑或隱藏著對方的輕蔑、批判。經常是看到別人的失敗，就不知不覺地笑起來，這一點要注意。

C組

產生好奇時的笑。想引起他人注意，或不想表現出自己真正的意圖時就會這樣笑。

D組

靦腆、難為情的笑。在探聽對方時也會如此笑。B組

和Ｄ組表示的意涵很相似，但Ｄ組沒有惡意。無論Ｂ組、Ｄ組，都包含著強烈的想被保護，被理解的心情。

Ｅ組

　　社交辭令。無論何時都保持這種笑容的人難以成為真正的朋友。對方對你總想保持距離。反之，如果是你這樣笑時，說明你和對方的關係還不夠融洽。

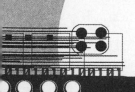

PART 8 贏得支持、合作與幫助

如果你想贏得他人的合作,就要徵詢他的願望、需要及想法,讓他覺得是出於自願。你必須讓他明白,他對你有多麼重要,請求別人的幫助,一定要選擇好時機。並且還要替對方著想一下,可能存在的一些困難。

—— 戴爾·卡內基

這一部分的心理遊戲測試題,像卡內基的成功之道一樣,可以幫助你知道你想「成為什麼樣的人?」你能為他人著想嗎?你是個讓人樂於親近的人嗎?你會真正贏得朋友的支持、合作與幫助嗎?

Q65 畫出你喜愛的圖案

請任意地在下面的插圖，畫上你想畫的東西。

A65 你想成為什麼樣的人

　　這個測驗可以知道你想「成為什麼樣的人」的潛在欲望。

　　樹就象徵著你自己，在這裡我們來進一步的看看你理想中的自己。

　　首先，請看看你畫的圖形，是屬於下列七種中的哪一種？

　　A：在樹上畫上水果等東西

　　B：太陽

　　C：鳥、雲、飛機等在空中飛，或漂浮在空中的東西

　　D：人類、動物等腳著在地上的東西

　　E：山等大自然的背景

　　F：家、建築物等人工物

　　G：雨、雷電等

A 類型

　　你想成為願意將自己的東西不吝惜地分送他人，像「散財童子」般的人，也就是想成為慷慨大方的人。

　　分送給他人的不限於金錢、物品，還有真心、愛情等，你大概想當社會事業的義工吧！像幫助肢體殘障者及單身老人等的自願服務性質的工作。

　　你不是追求私利私欲的政治界人物，那是因為你有端正社會風氣的正義感。不論發生什麼事或遇到什麼困難，你仍會一直秉持著崇高的理想。

B 類型

　　你想成為永遠被多數人愛，像「貞德」般的人，也就是希望投身於愛情中的人。

　　若你在精神上希望被每一個人愛的話，你就是有想成為偶像的願望；若你是在肉體上希望被每一個人愛的話，可看出你有十分淫亂的傾向。另外，也有希望被某一個人極為愛慕的例子，而這就是最正常的。

　　你是那種與其自己去愛對方，反而希望對方有單方面愛你的傾向。你不覺得這是太貪得無厭，且太過任性的要求嗎？

C 類型

你希望成爲能自由的浪跡天涯像「吟遊詩人」般的人，也就是你希望能自由自在、隨心所欲的生活。

你不想被家庭、公司、金錢或愛情等所束縛，期望能有一個人逍遙自在地乘船環遊世界的生活。另外，你也可能像故事中所說追求傳說中的寶藏，而過著一生到處挖洞穴尋寶的生活。

D 類型

你希望成爲像「白雪公主」般被友好的七個小矮人包圍著的人，也就是，你希望和朋友間關係十分友好。

你是不是想成爲幼稚園的保母或小學老師呢？希望能被許多小朋友們包圍，每天無憂無慮的玩遊戲，或者與這正好相反，你只希望逢場作戲的做個像在俱樂部裡上班的小姐，或交些及時行樂的朋友而已。

你的個性不適合只和幾個特定對象交朋友，能和不特定的多數人，做淡淡的君子之交是你的理想，就好像花園裡的蜜蜂一樣。

E 類型

　　你希望成爲處於大樹的庇蔭下，像「掌上明珠」的被保護，也就是希望能完全依附在某人（某物）上。

　　你非常嚮往權威或學歷，企圖能進入這些東西的保護下，圖求自身的安全，也就是渴望有一種所屬的願望。所以，求職的話當然要選大企業，結婚的話當然是要「三高」中的精英，然後當然希望做個專職家庭主婦。

　　女性本來的依賴心蠻強的，而你的這種傾向就更突顯。另外，你也充份了解這對人生來說，是最安全的策略。

F 類型

　　你希望成爲被愛人、孩子包圍的過著幸福家居日子的人。

　　女性的話，典型的嚮往當「新娘」，想像在結婚後，能專心的經營幸福美滿的家庭、當然，生兒育女也是其中要件之一。男性的話，也是理想的居家男人，休假日會攜家帶眷外出兜風、旅遊，而丈夫在公司中也會按步就班的

升遷，經濟上也屬於中產的小康家庭階級⋯⋯

　　你的願望乍看之下是十分平凡的婚姻生活，但是還有比這更幸福的了嗎？

G 類型

　　你希望成為有許多異性在周圍服侍，像「埃及女王」般的人，也就是每天陶醉在「性」的生活中。

　　你是不是想今天跟一個技術高超的，明天換一個年輕力壯、十分熱情的青年人，過著隨心所欲選擇對象的生活？或者，你期盼著激烈或變態的某些行為？你是不是會真的有一度想要進入充斥著「異性」的世界？

　　不知道你為什麼會想成為異性的俘虜，但你真的持有相當危險的欲望。

Q66 你最討厭誰？

　　你最討厭誰？讀完這段文章後，請回答後面的問題。

　　雞和狐狸、豬、狼是要好的朋友，他們共同生活在一起，從來不吵架。

　　一個寒冷的冬天，雞建議說：「今天晚上好冷啊！我們開個燒烤聚會吧！」

　　「太好了！太好了！」狐狸、豬和狼隨聲附和。貪吃的豬更是高興得直哼鼻子。

　　「可是，誰去買做晚餐的材料呢？」雞問道。狐狸說不想去，豬和狼也說不想去。

　　沒辦法，雞只好說：「那我去買吧。」說完就出去了。

　　雞買完東西回來時，他們在看電視。雞又問大家：「誰來幫我準備一下？」

　　狐狸說不願意。豬和狼也不願意動。沒辦法，雞只好自己切菜、拿鍋、擺肉……開始準備做燒烤。

　　「在我準備做飯的時候，請大家整理好桌子。」雞一邊忙著手裡的工作，一邊說。

　　狐狸擺擺尾巴，只把自己四周掃乾淨。豬咕嚕了一句：「真麻煩。」就又悠閒地看起了電視。而狼在雞吩咐之前就整理了桌子，接上煤氣爐，一邊取出餐具，一邊匆

匆地擺起了筷子。他說：「我想早點吃燒烤。」

雞搬來了燒烤鍋。香噴的燒烤做好了，大家都十分興奮。

「我要開動了！」最先伸出手的還是豬。「真好吃、真好吃！」豬開始大嚼特嚼起來。

「你別光吃肉，吃點蔬菜！」狐狸叮嚀道。

大家圍坐在桌前，高高興興地把燒烤吃得乾乾淨淨。

「啊──，我開始想睡了。」

豬再也吃不下去了，四腳朝天地躺在暖爐邊。

「我懶得收拾碗筷了，誰去？」雞問。

「我剛才吃飯前幫過忙了該讓豬或狐狸洗碗。」狼說。

豬一邊剝橘子皮，一邊打著哈欠說：「麻煩死了，放到明天洗不行嗎？」

「真是的，好吧，明天再收拾今晚剩下的碗，那可是豬的工作嘟！」狐狸板起臉說。

夜深了，黑暗包圍了雞、狐狸、豬、狼住的紅磚房子。

在它們之中，你最討厭的是誰？

▼是過分好心，呆頭呆腦的雞？

▼還是厚臉皮的豬？

▼抑或是假好人的狼？

▼是善於左右逢源的狐狸？

A66 你能為他人著想嗎？

所謂「給予」就是內心被「為別人做點什麼」的願望所驅使而作出的行為。但有些人卻永遠也不會有這種想法。

不喜歡雞的人

你是個只知道照顧別人的人。別人若領你的情，那還好，但若別人完全不領情，你只有當傻瓜的份。這種人不善與人相處。或許，你曾經盡力幫助過人，可是他並不領你的情，所以當你見到像雞一樣的人時，也許會觸痛你過去的傷疤。

不喜歡狐狸的人

與朋友、雙親、情人比較而言，你最重視自我，凡事只考慮自己。你也不善於和以自我為中心的人相處。你最終會疏遠周圍的人，容易壓抑自己的言行。正因為如此，僅管剛愎自用，當你遇到八面玲瓏的人時，在你反感他的另一面的同時，是很羨慕他的。

不喜歡狼的人

在注重現實的人看來，狼的行為是完全無可指責、無

可非議的，可是這並不討人喜歡。

　　對於喜歡直來直往、不掩飾自己的你來說，會覺得對方十分地狡猾。如果可以的話，你會嘗試對他揮拳相向。

不喜歡豬的人

　　在這個故事中，豬代表了樂於接受別人的好意，放任自己的本能行事，不以麻煩別人為意，更不懂何謂「協調」二字的性格。所以你頂討厭的是毫不體貼他人的傢伙。你消極保守，不擅加入人際圈子。如果你周圍再沒有人關注你，那麼你就會逐漸逃避離開社交圈。

Q67 從何處開始參觀展覽？

在充滿藝術氣息的秋天，正是參觀美術館的季節。

今天，你和朋友第一次來參觀美術館，美術館的展覽會場如圖示，你會從哪裡開始參觀呢？

沒有指引的路標，讓遊客隨興之所至。

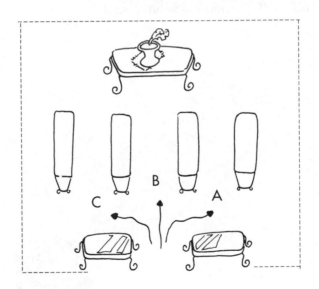

A67 你是個合群的人嗎？

研究一下人群的走向，就會發現一個有趣的現象。將較多人群通過的場所稱作「流向模式」。根據某時的狀況，可以看出人們行走方向的某種傾向。在展覽會這種室內活動場所，自然要通過出入口，大體上人們有進門後向右側參觀的習慣。在製作展覽指示牌時，如果注意到這一點，人群就會順利疏通。

那麼，你會走哪個路線參觀呢？

從 A 方向參觀

這是最常見的類型。你不想引人注目，但能在被劃定的範圍內自得其樂。你能妥善處理個人的不平與不滿。不違反大眾認可的意見，能自然地融入其中。總之，你容易採取不求有功，但求無過的消極態度，要注意調整你的態度。

從 B 方向參觀

從正中央開始參觀的人，往往是能夠直接了當表達自己欲望的人。不過，你的行事似乎缺乏計劃性，往往抱著走一步算一步的信條，對事情的過程並不在乎。總之，你

是個樂天知命者，對細微末節毫不留意，總是少一根筋。

從C方向參觀

　　你是極不合群的那種人。說好聽點是「有個性」，但實際上並不盡然。你充滿反抗情緒，但正因為如此，你與人交往時比常人更為敏感，有時往往是懦弱的。概括地說，你的本質是討厭與他人為伍，不喜歡跟別人一起，但是，你無法能夠開闢自己新天地的人。

Q68 靠近你的速度

1 今天是她和你約會的日子。

像往常一樣，她又遲到了。

趕到你們約會的廣場，她看見你正倚著街燈等待著她。突然間，你與她四目相對。

接下去，她會怎樣做呢？

A：快步走向你

B：理所當然地慢慢走近你

2 到她家去玩。

今天是與她約會的日子。

她邀你去她家，你現在來到了車站前。

去她家的路線有三條，你會選擇哪一條？

A路：直接到他家

B路：穿過公園

C路：經過商店街

A68 從速度窺知她的心

1 從她靠近你的速度，就能判斷她對你的感情。

　　A：「快步走近你」是說明她對你抱有美好的感情。她的心情說明她耽誤了與你約會的時間，想儘快看到你的臉，你應該善意地理解她：「啊！又是化妝耽誤了時間吧。」

　　B：「理所當然地慢慢靠近你」則需注意。與A相反，她似乎對你心存不滿。雖不致於是變心了，但往往是表示她心裡有什麼事瞞著你，當然，也可能是她耽心遲到了被你埋怨。

　　不過，經常遲到，可是厭倦的初期症狀喲。

2 到她家去玩。

　　選擇A的人　是內向型性格的人。經常被自我目標所吸引，一旦擁有一個目標，在你的世界裡就不存在其他的東西。你很固執，雖然缺乏靈活性，但爲人誠摯、正直。

　　選擇B的人　是外交型的人。喜愛搜集各類訊息，往往被外界的事物所吸引。永遠不會在時代的浪潮中落伍。但常因投機性格太強，而喪失進取的機會。

　　選擇C的人　是個性強的人。如有必要，則會義無反顧地做出違反常理的事。許多有獨創精神的人常被認爲是「怪人」。所以，即使你的性格異於常人也不必介意。

Q69 種櫻樹

　　王、陳、林三家的房子如圖所示。他們要在這裡種一棵櫻樹。到了櫻花開放的季節，三家好鄰居就拿出珍貴美酒，相約去觀賞櫻花。

　　可是，這棵櫻樹要種在哪兒呢？

　　A：種在三家房子的正中間

　　B：種在王家、陳家、林家房子的旁邊

　　C：種在兩家房子的中間

　　　　（王－陳家、陳－林家、林－王家）

　　D：種在三家房子以外

A69 你是個讓人樂於親近的人嗎？

選A的人

現在你的人際關係非常穩定，能夠平穩地協調與朋友的關係。為了長期保持這種狀態，沒有特定的小圈圈，而是努力維持一個廣泛而開放的交際圈。現在正處在一個悠游自在的情況中。

選B的人

常被誤以為是直爽，無憂無慮的人，但實際上可能有許多不願告訴別人的隱憂。不跟特定的人保持深交，與所有的人都保持公平、全面性的交際。待人客氣，總是用含笑的眼睛觀察揣測對方的反應：「他究竟是怎麼看我呢？」

選C的人

待人忽冷忽熱，容易鬧情緒，常不知不覺地指使朋友。許多時候是自己邀請別人，實際上卻只是口惠而實不至。沒有恆心，稍嫌散漫。一見苗頭不對就採取消極態度。

選 D 的人

　　你現在很孤獨，雖然故作瀟灑狀，但內心很寂寞，正在尋找能夠依托情感的人。可是現在如果有人真心待你，反而會引起你的戒心。

Q70 歌詞記憶術

你擅長記憶嗎？

在朋友的訂婚典禮上，你將和另外三個朋友合唱一首歌，因為唱歌時是不能看歌詞的，所以你必須背誦歌詞。歌詞共分三段，你如何記住歌詞呢？

A 先逐段背誦，再合起來背。

B 先背誦一段，再與第二、三段合起來背誦。

C 從第一至三段一口氣背下來。

A70 你是個條理分明的人嗎？

　　一般人最常用的方法也許是Ａ或Ｂ。但其實在這種情況下，Ｃ是最有效的。這些方法稱為整體學習與部份學習，一般而言，整體學習更為有效，而部分學習須有堅持到底的恆心，因此必須經過更多的過程。

選Ａ方式的人

　　脾氣變化無常。有興趣時，能認真、踏實地做下去，一旦失去興趣，就會對所做的事感到莫名其妙，而放棄。

選Ｂ方式的人

　　做事努力。為人過於老實，經常上當。做事不得要領，但一旦掌握就絕對不會忘記。

選Ｃ方式的人

　　思考問題條理分明。對他而言，周圍的人覺得很怪異的行為，他也能理出頭緒，並找出解決辦法。相信自己，同時也有固執己見的一面。

Q71 由名片看個性

手頭的名片已經用完了，需要重新製作名片。你會怎樣設計新名片呢？

A 傳統的直排型

B 文字集中在左下側的直排型

C 文字不按常規排列的直排型

D 傳統的橫排型

E 文字集中在下側的橫排型

F 有橫線的橫排型

G 文字不按常規排列的橫排型

A71 你是公司裡的一匹黑馬？

選A的人

選擇這種款式的人待人和善、通情達理。在公司裡盡量不引人注目，行事因循陳規。很少失誤，受人信任。

選B的人

不張揚自我，凡事謙虛的人，注重上下級關係。有點神經質。男性則較不霸氣，會照顧人。

選C的人

在公司內部性情孤僻。厭惡成黨結派。毅力過人，大多性格古怪。

選D的人

常標新立異，在設計等憑感覺的職業領域中有許多這樣的人。與他人合作共事的意識強烈，因此大多較通情達理。

選E的人

最重視外表的類型。總想盡可能地給人好印象，希望

得到較高評價。作事大手大腳，愛慕虛榮，經常入不敷出。

選 F 的人

屬於感覺敏銳的人，但缺乏付諸實踐的勇氣。往往因過於壓抑自己，而白白放走良機，應更大膽些。

選 G 的人

自我表現意識強烈。

厭惡做常識性思考和因循守舊的行動，也許不適合在公司工作。總是想做一件令人驚奇的事。

Q72 猜一猜這些人現在的情緒如何？

　　要作到「善解人意」是很難很難的。即使雙方意氣相投，也難免有互不了解的時候。

　　請看插圖，上面排列著九個圖案，看起來雖簡單，但每個表情也都表現出它們的情緒。比如說第四幅圖若用語言來表達的話，你覺得應該是「悲傷、快樂、痛苦」中的哪一個詞呢？

　　請用文字表達1～9的表情，這些人現在的心情是怎樣的呢？

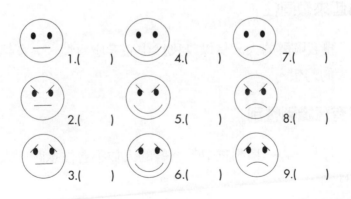

A72 你的適應能力如何？

從這些簡單的圖案可以傳達出某些感情的流露。你是否注意到「表情」是隨著眉與嘴角而變化的？在領會對方意圖時，這些地方是重點。一旦讀懂了對方的表情，就能夠清楚地了解對方的心情。

●分析重點：插圖的樣子看起來像男人呢？還是女人？

看起來像異性

對異性非常關心。最近是否捲入了情愛的漩渦中？

看起來像同性

自我陶醉的人。易以自我爲中心考慮事情，大多擁有巨大的幻想。

沒有意識到性別

普通。在這種測試中，一般的人並不會注意圖中人物的性別。

●分析要點：寫出的詞中有特殊性嗎？

1：平和　4：歡喜　7：不滿

2：憤怒　5：殘忍　8：暴怒

3：擔憂　6：灰心　9：悲痛

面部通常表現出的正是這些感情。

請與你所寫的詞對照一下，覺得大致與這些詞意相當的人，是個溫和而懂得協調的人，有適應力。

若像寫文章自造詞語、使用特殊的名詞、慣於具體表述的人則是自以爲是、自我表現慾強烈的人。

Q73 幾何的聯想

● 這是圓形。看了這種形狀，你聯想到什麼？
【　　　　　　　　　　　　　　　　　　　】

▲ 這是三角形。看了這種形狀，你聯想到什麼？
【　　　　　　　　　　　　　　　　　　　】

■ 這是四角形。看了這種形狀，你聯想到什麼？
【　　　　　　　　　　　　　　　　　　　】

◤ 這是不等邊四角形。看了這種形狀，你聯想到什麼？
【　　　　　　　　　　　　　　　　　　　】

這個測試不要一個人悄悄作，一定要和別人一起作。

A73 你的秘密價值觀

　　這四個圖表分別表示了家庭環境、婚姻、自己的未來、性經驗。

　　看看你自己對這些事物的潛在想法是什麼吧！

家庭環境

自己的將來

婚姻

愛情經驗

Q74 一年一度年終大掃除

年底最後一天是大掃除的日子。你能將抹布擰乾嗎？
每個人擰抹布的方法都不一樣。你是怎擰乾抹布的？

A 用力向中間擠壓
B 向兩旁位開擰
C 位置不動地擰

A74 由掃除知性格

選A的人

立即行動派。性格粗糙，對掃除簡直是馬馬虎虎。任性而隨便。但是，一旦想做的事，要是不徹底地做好絕不罷休。對有興趣的事，會一直堅持下去。

選B的人

平常就很愛乾淨的人，很體諒別人，男女都以家庭為重。只是不喜歡丟東西，從箱子到包裝紙、緞帶，不收起來就不放心，不知不覺地就越存越多。

你簡直快成了積存東西的怪物了。

選C的人

在掃除時，覺得掃地比擦桌子更快樂。不要的東西會全部丟掉，非常痛快。做事幹練，愛四處活動，是在家待不住的類型。經常輕而易舉地丟棄值得紀念的東西，不善於整理照片。

Q75 包圍你的八個人

請你想一下包括你的父親、母親、情人等八個人。

先在圖正中寫上你的名字。然後，在從A～H的八個空格中填寫你想出來的人的名字。這樣就能知道平時你對這些人有怎樣的感情，在多大程度上依賴他。

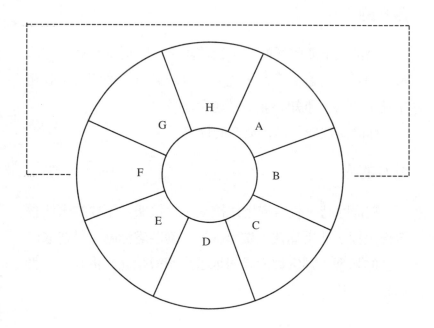

A75 你最喜歡誰呢？

　　根據你寫出名字的位置，就知道你對哪些人有什麼樣的感情，依賴著誰。

　　A：他是永遠的競爭對手、你的目標，也是你以後交往的對手。

　　B：親如兄弟的人。你時常不客氣地指責他，但這是因為你信任他。他也是你最重要的幫手。

　　C：你一定被這個人愚弄過。你並非對他沒有好印象，但一提到這個人的名字，你就覺得累。

　　D：你嚮往的人。難以接近的的氣氛更加深了他對你的吸引力。

　　E：對你而言，他是個討厭的傢伙！他要是不在身邊，你會覺得格外輕鬆。不過，其實他是個對你而言很重要的人。

　　F：有距離地來往的人。你並不討厭他，卻是個你難以駕馭的對手。

　　G：對你而言僅僅是個和藹的人。表面上親密，其實是個不好相處的對手。

　　H：你很討厭的人。你不會主動去接近，也不想去接近他。盡量跟他保持安全距離吧！

PART 9 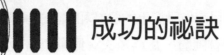 成功的祕訣

烹調「成功」的秘方是：把「抱負」放到「努力」的鍋中，用「堅韌的小火燉熬」，再加上「判斷」做調味料。保持美好、快樂的人生，戴爾‧卡內基的另一個成功的秘訣是：了解你本身的潛能，「天生我材必有用」也就是說每一個人不論聰明與否，都有他潛在的才能。

── 戴爾‧卡內基

這一部分心理測驗遊戲的主要目的，就在幫助你了解本身潛藏的各種才能，並配合選擇適合自己的職業，牢記卡內基有關：成功秘訣的方法，如此在人生的道路上才能走得更順暢。

< < < < < <

Q76 你目前最適合從事的工作？

　　或許你總覺得自己工作不順，財運不通，但請你仔細想想看，是否因目前你所從事的職業和本身的興趣不合所致！

　　大富豪威林阿姆‧瓦路多夫‧阿蘇塔曾說過：

　　「想要功成名就、大富大貴，首先必須先靜下心來選擇最適合自己志趣的工作。」

　　選擇適合自己天賦、興趣的工作，可使自己在工作領域上得心應手，無往不利，更能避免自己走許多冤枉之路。

　　以下的測驗，有助於你了解目前工作的狀況，以便調整步調重新出發，以求有更好的表現。

1. 你有閱讀人事檔的習慣嗎？

　（有、沒有）

2. 你會把工作中的緊張帶回家裡嗎？

　（會、不會）

3. 在忙碌的工作中你會有胃痛的困擾嗎？

　（會、不會）

4. 你會非常羨慕朋友的工作嗎？

　（會、不會）

5. 假如你突然獲得到一筆意外的財富，你會辭去目前的工作嗎？

（會、不會）

6. 你會允許你的兒子將來從事和你相同的工作嗎？
（會、不會）

7. 你贊成一周休息二天嗎？
（贊成、不贊成）

8. 當你的工作受到輿論界批評時，你會有所辯護嗎？
（會、不會）

9. 你會希望工作地點和居住場所不要距離太近嗎？
（會、不會）

10. 當別人打聽你的工作時，你會以嚴肅的態度向對方說明嗎？
（會、不會）

11. 在工作中你會思考其他的事情嗎？
（會、不會）

12. 你和同事共進午餐時，會聊到工作上的事嗎？
（會、不會）

13. 別人如要適應你目前所做的工作需費時五個月以上嗎？
（要、不要）

14. 你會樂於參加和目前工作有關的課程講習嗎？
（會、不會）

15. 你會經常無故遲到、曠職嗎？
（會、不會）

A76 解說

　　1～5、11、15答案肯定者得分3，否定者得分0。6～10、12～14答案肯定者得分2，否定者得分0。其餘得分1，將總分合計後選出適合你的類型。

15分以下

　　在兼顧興趣和收入的原則下，可考慮在現行工作以外的時間再從事一份適合自己興趣的工作。

16～30分

　　重新研究目前工作的內容，以確切了解未來的目標和真正想做的事，否則只有使自己心境更加消沉。

31分以上

　　你極適合目前的工作，保持自信是你目前最迫切需要的。

Q77 何種景色最怡人？

在一團火紅太陽的照射下，你希望有何種景色來襯托？請從上面六個景色中選出你最喜歡和最不喜歡的，再將兩者組合選出適合的類型！

1 雪中的森林　2 砂丘　3 火山
4 高樓大廈　　5 海峽　6 寺廟

A77 了解你的職業取向

　　由這個測驗中，你將選擇的答案與下面的表格做一比較，分成橫向與直向的表現方式，如此你就可以隱約了解你的職業取向了。

計分表

喜歡＼不喜歡	1	2	3	4	5	6
1		F	C	D	F	C
2	B		D	D	B	C
3	C	B		A	B	A
4	D	E	A		E	A
5	F	F	E	D		E
6	D	C	A	A	C	

A……社交積極型

B……美的感覺型

C……智慧分析型

D……秘書、事務型

E……個性技藝型

F……完全依靠型

A 社交積極型

在和朋友交往的過程中，你能不斷地發揮自己獨特的個性和才能。

你非常的好動，極不甘願做一位家庭主婦，倒是適合從事保險、化妝品推銷或常有機會和眾多人接觸的服務業。反之，像一些需要技術性的工作和一成不變的事務性工作是極不適合你的。

B 美的感覺型

你的點子很多，對美的鑒賞力也與眾不同，在音樂、電視、電影等藝術工作領域上往往能一展長才。

C 智慧分析型

你熱衷某項知識的研究，若能持續此精神，往往能在該項知識領域上大放異彩，甚至成為權威人物。和電腦相關的工作極適合你。

D 秘書、事務型

你處理事情相當俐落明快，因此極適合擔任企業顧問、參謀、秘書方面的工作。你對工作的要求極高，只肯為你所尊敬、崇拜的人付出心力，所以多半是從事和醫師、學者、大眾傳播有關的助理工作。女性的話，即使婚

後仍會繼續其婚前的工作。

E 個性技藝型

你喜歡在工作領域中自由發揮而不願受人拘束，也可說你極嚮往藝術家般的生活。

女性的話，極可能選擇和本身才藝有相關的工作，甚至以此為終身的職業。

F 完全依靠型

你是把家庭擺在第一的人。若你是一名女性，準會甘之如飴地做一名家庭主婦，鐵定是一位賢妻良母。反之，是男性的話，則對職業生活會有所抱怨。

Q78 演藝界工作的適合度測驗

你或許嚮往演藝界方面的工作，但你曾用心考慮是否真的適合這類型的工作？以下有十一項測驗正可幫助你了解此點。

<測驗1>右圖有一名男子拿著一架照相機，你想他會拍些什麼？

A：女性的裸體

B：戀人

C：CM用的風景

D：以上皆非！

<測驗2>桌上擺了半瓶酒以及斟滿全杯和半杯酒的杯子，你會選擇哪一杯呢？

A：斟滿半杯的

B：斟滿全杯的

C：重新拿一空杯來斟酒

D：都不拿

<測驗3>下頁左圖中為橘子生長過程，你喜歡那一階段的橘子？

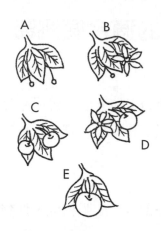

<測驗4>右上圖有一名男子,你想他會說什麼?

　　A:上班要遲到了,真糟糕!

　　B:累死了!早一點睡吧!

　　C:那個女孩糾纏不休,真討厭!

　　D:就要來了!

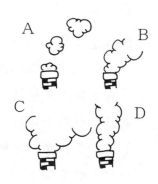

<測驗5>山腰中的小茅屋正在
　　　　升火(參照右圖)你
　　　　想煙囪冒出的煙,是
　　　　圖中的哪一種?

<測驗6>某位有錢的男子正要填寫支票上的金額,你想
　　　　他會填寫多少?請從下頁圖中選出適當的一
　　　　項。

A	100,000	C	10,000,000
B	1,000,000	D	100,000,000

<測驗7>英文的「春」有下列四種表現法,你給朋友寫
信時會選擇哪一個?

A	Printimps	C	Fruhling
B	Primavera	D	Spring

<測驗8>你和朋友猜拳習慣上會先出哪一個?

A:剪刀

B:石頭

C:布

<測驗9>車站入口處有一名女性不斷回頭和一名男子交
待一些話,由於車站的廣播聲過大,旁人無法
聽出他們之間在談些什麼!你想他們會說些什
麼?

A:我不在家的這幾天,煤氣要記得關喲!

B:再見!今天玩得真高興!

C:若能跟你一起去旅行那該有多好!

D:謝謝你來送行!

<測驗10> 書店中的某角落堆滿了一整疊你欲購的一本
　　　　書，你會從何處抽起？

　　A：最上面的一本

　　B：第五～六本以下的某一本

　　C：上面算起第二本

　　D：要求店員替你拿

<測驗11> 若要你憑靈感，在圖中的房子旁加畫一些東
　　　　西，你會畫些什麼？請從下圖的Ａ、Ｂ、
　　　　Ｃ、Ｄ中選出合適的一項。

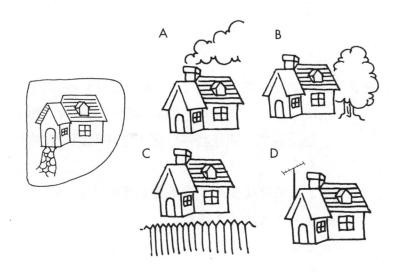

A78 你的藝術天份有多少？

　　此項測驗的解答，與下列圖表對照，將有助於了解你潛在的藝術天份，在十一道測驗題目中，你到底得到了幾分？請合計得分後選出適當的一項。

計分表

測驗＼答	A	B	C	D	E
1	5	1	3	8	
2	3	1	5	8	
3	5	5	8	3	1
4	3	1	5	8	
5	1	5	3	8	
6	1	3	5	8	
7	8	5	3	1	
8	3	5	1	8	
9	3	5	8	1	
10	1	8	5	3	
11	1	5	3	8	
合計					得分

　　　　演藝天份 50 分以下……常識型
　　　　演藝天份 51~60 分……發展途中型
　　　　演藝天份 61~79 分……藝術家型
　　　　演藝天份 80 分以上……潛在型藝術型

演藝天份 50 分以下……「常識型」

　　雖不具獨特的想像力，但卻能獨力將一般大公司的例

行事務圓滿處理。此外，這類型的人頗有家庭觀念，能注意到日常生活的一些枝節小事，但這種個性卻不太能適應演藝界中不規律的生活方式。若想朝這方面發展，你還需進一步地努力。

演藝天份51～60分……「發展途中型」

這類型的人若能了解自己的興趣及天份，並朝這方面學習，進一步取得才藝合格証書，則往往能因此開創自己的另一番事業天地。

不過想在演藝界出人頭地，你還需加倍努力才行。

演藝天份61～79分……「藝術家型」

一般事務性、販賣性的工作太埋沒你的才華，因為你更適合富於創造性的藝術工作，譬如攝影師、設計師、插畫家、影藝記者等。

你相當固執，既然決定了一件事，旁人就很難再改變你的心意（包括選定某種職業），所以你在最初選擇職業時要格外慎重。

演藝天份80分以上……「潛在型藝術型」

你相當具有藝術方面的天份，極適合從事創造性高的職業，譬如電視節目製作人、唱片製作人、作家等。

Q79 廣告、大眾傳播事業適合的測驗

　　最近某機構對剛畢業的大專青年做了一項志向測驗，結果顯示廣告、電視、電影及新聞等大眾傳播業，仍是時下青年最嚮往從事的行業。

　　但上述工作和普通工作相比，工作的時間長且不規則，此外更需具備創造力和對美的鑒賞力。

　　因此下列十七項測驗有助於了解你是否適合從事上述職業。

廣告大眾傳播事業適合度

<測驗1>朋友寫信給你，你會選擇以電話回覆嗎？

　　A：會

　　B：不會

<測驗2>當熱衷姓名學研究的友人告知你的名字不甚好
　　　　時，你會有何反應？

　　A：立即去改名字

　　B：絲毫不在意

<測驗3＞當友人燙了一頭怪異的髮型出現，並徵詢你的
　　　　意見時，你會有何反應？
　　A：說出違心的贊美
　　B：直接告知並不合適

<測驗4＞當朋友以電話告知他因感冒已在床上躺了三天
　　　　三夜時，你會有何反應？
　　A：馬上去探望他
　　B：不放在心上

<測驗5＞正在看電視，突然畫面中斷了，你會有何反
　　　　應？
　　A：找電器行的人來修理
　　B：敲敲電視看出了什麼問題

<測驗6＞旅行之初會預先查詢火車時刻表嗎？
　　A：會
　　B：不會

<測驗7＞當你進入列車的廁所，發覺全部都在「使用
　　　　中」，此時你會怎麼辦？
　　A：故意走到其他車輛的廁所。
　　B：回到原位待人少的時候再去。

＜測驗8＞你對死刑的看法如何？

　　A：對罪大惡極的犯人，死刑是絕對必要的。

　　B：只可適用在特殊的場合

　　C：堅決反對！

＜測驗9＞到職的第一天，你若被分派到秘書科，則你希
　　　　望你的上司是怎樣一個人？

　　A：做事態度積極進取型

　　B：人品好，最好有女同事緣，至於辦事能力就不是
　　　　那麼重要了！

　　C：只要薪水多就好，管他是什麼人！

＜測驗10＞你會選擇哪一類型的運動做為你的休閒活
　　　　　動？

　　A：團體運動

　　B：個人運動

　　C：根本不喜歡運動

＜測驗11＞如果你一向尊敬的朋友受到別人批評，你會
　　　　　有何反應？

　　A：說出坦率的反論

　　B：默不吭聲

　　C：說出「批評別人不太好吧！」再試著轉換話題。

<測驗12> 當你目睹某位辦事能力不如你的同事,正很
　　　　親熱的與你的上司聊天時,你會怎麼想?

A:從此自暴自棄,對工作不再那麼起勁!

B:絲毫不在意

C:好羨慕喔!乾脆也前去拍拍馬屁!

<測驗13> 傍晚下班時突然下起雨,你的同事因沒帶傘
　　　　而在門口處躲雨,而你雖帶了傘,但兩人共
　　　　撐恐嫌太小,此時你會如何?

A:和同事共撐,就算淋濕了也無妨。

B:問對方「沒問題吧!」然後就獨自離去。

C:陪同事一同躲雨

<測驗14>上班途中巧遇同事,你會先和對方打招呼
　　　　嗎?

A:當然

B:等對方先打招呼

C:視當天心情而定

<測驗15> 當你上班忙得焦頭爛額時,你的上司叫你幫
　　　　他買一包煙,你會如何?

A:當作沒聽到,繼續忙自己的事!

B:馬上去買一包煙來!

C：視當時情況而定

<測驗16>百貨公司電梯入口站了一名年輕的女服務
員，你想她會對乘客說什麼？

A：客滿了！

B：請快一點！

C：謝謝！

<測驗17>你較喜歡和哪一型的年長女性親近？

A：美人，且有男人緣。

B：穿著樸素，做事認真的女性。

C：上述兩項平均者

A 79 解說

回答完上述十七題後統計出總分，找出屬於自己的類型。

計分表

測驗＼答	A	B	C
1	3	1	
2	1	3	
3	3	1	
4	3	1	
5	1	3	
6	3	1	
7	3	1	
8	5	3	1
9	3	1	5
10	3	5	1
11	5	1	3
12	5	3	1
13	1	3	5
14	1	5	3
15	5	1	3
16	5	3	1
17	5	1	3
合計			得分

17~24分……A不適合大眾傳播型
25~35分……BCM，廣告型
36~47分……C出版，編輯型
48~58分……D電視，廣播型
59~71分……E製片，唱片型

A不適合大眾傳播型

很遺憾的，這類型的人，個性較偏向我行我素，所以並不適合大眾傳播這種以服務眾人為主的行業，或許趁早死心往別條路子發展較好。

BCM，廣告型

這類型的人個性穩重，肯花時間專注在一件事上，因此極適合從事和廣告有關的工作（如企劃、商品構思、收集攝影題材）。

C出版，編輯型

想像力豐富，對任何事都充滿了好奇心。這類型的人相當能洞悉別人談話的含義，且能將其適時表現在文章上。學生時代大多有寫日記的習慣，日後極適合朝雜誌編輯方面的工作發展。

D 電視，廣播型

這類型的人相當有個性，對某件事物的看法也經常與眾不同，周圍的人會覺得「這人個性蠻強的。」

E 製片，唱片型

能在有限的空間將自己的才華發揮得淋漓盡致，又能經常吸收新觀念。這類型的人若朝電影、唱片公司發展，常有驚人的作品表現。

Q80 聯想力的判斷

　　法國某暢銷的女性月刊，曾刊出下圖般的素描。

　　乍看之下，你會聯想到什麼呢？請從下列項目中選出最接近你心目中的一種。

A：好像是一名長頭髮、高鼻子的美女

B：大鼻子的男性

C：一男一女的側臉

D：一男一女在唱歌

E：乍看覺得像一名男子的臉，看久了以後又像一名女子的臉

F：乍看覺得像一名女子的臉，看久了後又像男子的臉

A 80 解說

　　圖形的不同看法，正可顯示此人隱藏在心中的欲求不滿。

　　選擇Ａ、Ｂ的人獨創性較低。

A ： 你若是一名男性，則對女性相當渴求，夫妻生活上有強烈的不滿。女性的話，則對同性較有興趣，或許有同性戀的傾向。

B ： 你若是一名男性，則本人相當有自信，總是對周圍的同事、長輩存有敵意。女性的話，則對男性存有欲求不滿，渴望被男人引誘。

C ： 理論型。擅於分析、研究事物，凡事喜歡追根究底。

D ： 想像力豐富，屬於浪漫主義者，但有時會有一點歇斯底里。

E ： 做事慎重且頗為積極，一旦決定做的事會努力完成。

F ： 點子極多。對於異性相當熱情，但容易流於輕浮。

Q81 你是哪一型的領導人物？

一名男子神情慌張的衝進電話亭打電話你想他會有什麼急事呢？

A 告訴家人：「我會晚一點回家」
B 和女朋友約會
C 這名男子可能是一名業務員，因呼叫器響了，所以極欲和公司連絡。
D 要訪問某人，為怕出錯，所以再確認一次對方的所在地點和電話。

A81 解說

　　不管你現在是否為一名領導人物，此測驗皆可提供你
了解，現在或未來的你是何種類型的領導者。

A 一般安全型

　　善用自己的經驗領導部下，和客戶也能建立良好的人
際關係，但過分吸收各類書本和體驗的結果，有時反而會
導致判斷上的舉棋不定。

　　這類型的人生活極為單調，稍不調整自己很容易陷入
一種無衝動的生活形態。

　　凡事講求安全第一。由於作風過於保守，有時也會引
起屬下的不滿。

B 優柔寡斷型

　　做事瞻前顧後，顧慮甚多。一件原本構想極好的計
劃，也由於你曖昧不定的態度，而引起屬下的誤解，造成
許多不必要的麻煩。

C 剛愎自用型

　　你相當有自信，縱然遇到了困難也會努力克服，所以

在旁人看來你的運氣似乎不錯，做任何事總能心如所願。

　　但過於獨斷獨行的結果，有時反而會引起屬下的不滿，連帶也會使你的人際關係亮起紅燈。試著讓別人了解你做事的真正用意，是你今後急需改進的地方。

D 理想領導型

　　你是一位極優秀的領導人物，遇到重大事件，往往能冷靜分析周圍狀況並尋求最佳的解決途徑。且擅於處理屬下間發生的大小糾紛，所以深得同事和屬下的信賴。

Q82 計程車的坐位

你和同伴共四人一同搭乘計程車，你會選坐在車上的哪一個位置？

這個測驗可以知道你的「換職業的可能性」與「在工作場上的角色」。

請將計程車想成是一個公司。A～D的座位，各象徵著各個工作崗位的類型，可知道你轉換職業是否會順利或很困難。

看看實際的公司情形，有同樣能力的人，有的會一直留在公司，有的會中途轉業，有的想轉業卻辦不到……眞是呈現了人間百態。

這個測驗可以知道你是屬於哪一種類型，希望能作爲你想轉業時的參考。

坐A席的人

即使你想轉業換工作，你會遭現在公司的上司挽留。你在工作崗位上，是位很會照顧他人，並受大家依賴的人，也就是你是一位最適當的幫手。

在現在的公司，你實際上應擔任相當重要的角色，例如：輔佐一位有能力的經理，且受其重用等。若沒有你，出納的計算或經費的預估等業務將可能弄得一團混亂。

以現在的工作狀況來說，你辭職的話也十分麻煩。因

此，當你透露了想換工作之意時，上司一定會挽留你。

這樣看來，你可以說是想轉業非常困難的人。若能繼續待在現在的公司，薪水日後定會漸漸的調漲，並且獲得同事們的信賴，不過這些也許有些無聊。以你的能力，任何的公司都會想要重用你，可是……實在可惜。

坐 B 席的人

在你有換工作打算之前，會有別的公司來邀請你過去工作之事發生。在工作崗位上，你做事十分俐落，連後輩也常會來請教你關於私人或工作上的問題。也可說，你在工作崗位上是擔任決斷的工作。

你的工作能力、人格等，在別的公司已有風評了，說不定已有人在暗中調查你了，所以會很意外地有公司表示想要網羅你，當然，薪資待遇一定會比現在的條件好太多，而這些條件擺在眼前，換不換工作也全在你的一念之間。

有能力的人才，走到哪裡都受到歡迎，與是不是中途加入這種不利的條件無關，你必須將被人挖角當作是一種光榮，這樣，自己的能力才會獲得更高的賞識。

坐 C 席的人

你是不是當上司轉到別的公司時，會「順便」一起跟了過去？你是十分認真工作的，但是偏偏在緊要關頭時，

卻總是優柔寡斷了起來，無法做個決斷，也可說，你是屬於隨波逐流的類型。

當你看到周圍的人換工作，內心就無法平靜下來，你會擔心到最後只剩下自己還留著，但是，你又不會積極地找尋新的公司。這時，直屬的上司也要換工作了，若這個上司邀你「跟我一起走好嗎？」這時你就會跟著換工作了。

你原本就沒有出類拔萃的能力，轉新上任的公司，也只將你當作是你上司的「阿諛者」。你愈是跟著有能力的上司，愈是一直保持這種優柔寡斷的個性。當然，不只是在工作上，在你私人方面，這樣的個性也會一直扯著你自己的後腿。

坐 D 席的人

你對現在的公司十分滿意，沒有考慮過要換工作。在工作崗位上你受到百般奉承，氣氛上正處顛峰狀態，也就是說，你屬於穩重大方的類型。

你的容貌、性格，或許是重要的門路關係，總之，也不知道是什麼理由，你在工作崗位上都會受到百般的奉承。工作愉快、下班後的約會又不斷、薪水也相當高，在現在公司的三個有利條件下，對你來說是百分之百滿意的情況。如此舒適的公司，不是到處都找得到的，所以你應該不會想要換工作。

PART 10 成功的感情生活

卡內基是一位浪漫的激情主義者，他曾喃喃地說：「親愛的，生命是一條無盡的鏈條，在陽光下閃爍著的愛與憂傷都是生，隱沒在無邊黑暗中的就是死。……」

—— 戴爾‧卡內基

在最後這一部分的心理測試題中，假如你也是一位浪漫的激情主義者，你將怎樣去觀察異性呢？你現在對什麼事感到有責任？如果你是一位男性你將怎樣邀請你喜歡的女士？如果你是一個女性，通過這一部分的心理測試題，你將知道做一個成熟女人的六大要件。

<<<<<<

Q83 自我推銷找情人

請舉出你的三個優點（例如：認真、直率、穩重）

1.＿＿＿＿＿＿＿ 2.＿＿＿＿＿＿＿ 3.＿＿＿＿＿＿＿

請舉出你的一個缺點（例如：好勝心強）

1.＿＿＿＿＿＿＿

請用你舉出的四個詞做一下自我介紹

（例：我今年二十六歲，已在這家公司工作了六年。

我的性情穩重、直率、好勝，但做事認真。現在我希

望尋求一個對象，請大家幫忙。）

A83 第一句話最重要

自我推銷時，最先說出的話最能影響他人對你的印象。我們以前頁做例子。

他的長處是穩重、直率、認真，短處是爭強好勝。

其實，如何把這四個要素組合起來才是最重要的。前頁的順序是：

穩重、直率、好勝

「好勝」的短處夾在其它長處中間，讓聽的人往往不會留意這個詞。下面把相同的詞，按如下順序組合起來。」

好勝、認真、直率、穩重

與前者相比，後者是否令人有心地不良、陰險的印象呢？這是因為最初提示的詞語印象，對後面的詞語有影響的緣故。

前者首先給「直率」的印象，緩和了「好勝」一詞的負面影響。「噢！他也有好勝的一面啊，挺可愛的嘛！」這樣，聽者就會從善意的角度來理解。

這在心理學上叫做「最初效果」，這說明第一印象是多麼影響人的判斷力。

Q84 請完成這兩幅畫

　　請在下列圖上補畫上一棵樹。這棵樹是為紀念新屋落成而栽種的。

　　樹的種類不拘，你可以畫柳樹、松樹、銀杏樹、白楊樹，畫什麼樹都可以。當然，也可以畫其實並不存在的樹。

畫樹

畫蛇

畫完樹以後，下面再畫蛇。

A84 畫出你的心聲

畫樹

1：大小？──外向型、內向型

利用最大空間畫畫的是外向的人，他正處在自信心強，躍躍欲試的狀態。相反地，畫得很小的人則是不重視自我、沒有自信心的人，常因一些小事就愁眉不展，非常在乎周圍人的看法。

2：有樹葉嗎？──有無社交能力

社交能力強的人，往往畫得枝繁葉茂。

反之，不畫樹葉或只畫多天枯樹枝的人，缺乏社交能力，內向孤僻，迴避與他人的連繫，把自己封閉在自我的殼子裡。

3：樹葉與樹幹的比例？──成熟、不成熟

越是在精神上成熟的人，他畫的樹葉比例就越大。

樹葉畫得少的人不善交際，把樹葉畫像松樹針一樣的人是獨特而略為怪異的人。

4：有根嗎？──成熟度

畫根的人比不畫根的人，在精神上更發達。不畫出地面，而把樹幹畫得像木棒一樣的人很單純，往往被表面上的東西所迷惑，因而漏掉本質性的東西。

5：有無附屬物？──是否有想像力

在樹上畫出蝴蝶、蟲等額外東西的人，想像力相當豐富。這種人點子多，最討厭做平凡無奇的事。他總是不時四處張望「有什麼新鮮的事要做？」是有個性的人。

畫蛇

畫蛇顯示出你的欲望不滿足的程度

(1)　　　　　　　　　(2)

(3)　　　　　　　　　(4)

1：像棒子一樣的蛇

把蛇畫成像木棒一樣僵直的人，正處在滿足於現狀之中，是淡泊的人，並不作超出自身能力的妄想。

2：蜷成圓盤狀的蛇

蜷縮成盤狀的蛇，表示得不到滿足的欲望即將爆發。不過如果只是蜷成盤狀的蛇，雖然表達出某種程度的不滿足，但也僅僅是在靜靜地儲存力量。相反地，如果揚起脖子的蛇，則是不滿的程度很強烈，若蛇伸出「嘶嘶一」叫的舌頭，則表示即將爆發。

3：纏在樹和其他東西上的蛇

這是不滿足程度最高的情況。他已不滿到想拖別人下水的境地。

4：波狀蛇

畫波狀蛇的人，預示著正要向某處移動。需求與供給均衡運轉，正處在妥善處理不滿情緒的狀態。

挑選一個約會的對象

從Q85～Q94的測驗裡得知你挑選對象的方式

首先請從下面四個人選中挑選約會的對象。

A 廣告代理商經理 27 歲　富有知性品味，話題豐富。優雅地護衛女性而不致使對方厭倦。

B 設計師 32 歲　成熟幹練、瀟灑的中年人。對女性的品味或食物較挑剔的類型。

C 戲劇演員 26 歲　運動員類型，肌肉健美迷人，年輕而開朗的類型。很愛車。

D 某醫科大學生 24 歲　醫生的兒子，財源滾滾。雖然帶有花花公子的味道，卻具有絕佳的將來性！

Q85 約會時間

　　今天是盼望已久的約會日子，你正雀躍打算出門。但你突然擔心他會遲到吧……於是慌張地趕到他的家裡。鈴鈴鈴──鈴鈴鈴──

　　「啊，是我。你知道今天約會時間吧？」

　　「我以為是什麼事呢！我是那種不遵守時間的人嗎？」

　　對於他那略顯得不快的回答，你會如何反應？

A　「人家急嘛，想聽你的聲音。」

B　「對不起，我天生的急性子嘛！」

C　「對不起，我並不是懷疑你。」

Q86 哪一個是接近你的姿勢

　　和他約會的場所是在車站的剪票口前。提早到達的你在柱子前等候。下面的插圖中那一個是最接近你的姿勢？

Q87 從前的男友

　　他終於來了。首先你們決定先去喝一杯咖啡。二人走在街道打算前往他常去的咖啡店時，前面走來一對曾經和你交往過的男性和彷彿是他女友的人，兩人手拉著手靠向前來！而對方似乎也察覺到了。那麼，你會怎麼辦？

A「我們往這邊走吧！」拉著他走向旁邊的馬路。

B 轉過頭以拒絕對方打招呼的態度擦身而過。

C 頭注視地面、內心忐忑不安並祈禱對方不要向自己搭訕，結果與對方擦身而過。

D 既然雙方已留意到對方的存在，只好彷彿一般的朋友一樣向對方打招呼說：「啊，你好──」

Q88 你邀他坐哪一個位置？

　　男朋友帶我去的是一家時髦的咖啡ＢＡＲ，碰巧店裡客滿，必須和其他顧客共坐一桌。那麼，你會邀他坐那個位置？

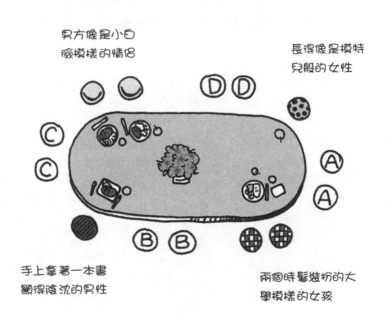

男方像是小白
臉模樣的情侶

長得像是模特
兒般的女性

手上拿著一本書
顯得陰沉的男性

兩個時髦裝扮的大
學模樣的女孩

Q89 同桌情侶的爭吵

　　決定好位置尚未點飲料時，那對情侶突然發生激烈口角，似乎是彼此的牢騷，爭吵的內容清楚可聞。聽到他們爭吵的你，會採取什麼樣的態度？

　　A「我們換個位置吧。」以不快的態度站起身來。
　　B 帶著事出無奈的表情看著他的臉。
　　C 大聲地開始說話以掩滅那對情侶的爭吵聲。

Q90 去看一場電影

　　離開咖啡店決定去看一場電影。羅蜜歐與茱麗葉的現代版電影從下圖的這場戲開始。畫面中的女性是主角。接下來的戲是以後會跟女主角成為情侶的男性會出現。你覺得男主角會以什麼樣的情況登場呢？

　　A　車子停在巴士站的前面向女主角搭訕說：「要不要搭便車？」

　　B　她坐上巴士，與那位男性雙方的視線交合。

　　C　他走到她的身邊，一起等待遲來的巴士。

　　D　「嗨！那名男性從背後以熟識朋友的口吻向她搭訕。」

Q91 我們何不也像對情侶

　　看完電影後的二人到附近的公園散步，這座公園是著名的約會場所，四周到處可見濃情蜜意的情侶。他突然說：「我們何不也像對情侶一樣？」那麼，你的反應會如何呢？

　　A 微笑著挽他的手臂
　　B 害羞的把臉靠進他的胸部
　　C 輕輕握著他的手

Q92 他的回答

不知何時夕陽已西沉，四周陷入一片黑暗的世界。坐在公園椅凳上的二人正沉醉在濃情蜜意的氣氛中，你鼓起勇氣問他：「你愛我嗎？」對於他的回答你最感到高興的是那一句？

A 「當然啊。」

B 「如果不愛我怎麼會像這樣地和你約會呢？」

C 「我的心和你一樣。」

D 「看我的表現你應該了解我愛你吧？」

Q93 你會選擇哪一種座席？

　　改變約會場所，你們二人正要進入富有羅曼蒂克的酒吧，該酒吧有四種類型的座席，你會選擇那一種呢？

Q94 再見的姿勢

　　今天的約會將要結束，二人約定下次再見。這時你最喜歡他說再見時採取哪一種姿勢？

A 舉起單手瀟灑地做出再見的手勢。

B 微側著頭有點腆靦地再見。

C 輕揮著手彷彿朋友一般地告別。

D 彷彿隱藏羞澀呆板地說「再見」而離去。

迷你診斷的形成法

請依下面的得分表合計你的得分。求出總分後再加上在測驗的開頭所選擇的男性的點數。該四種類型的男性的配分如下。

A 4分　　　　B 2分　　　　C 8分　　　　D 6分

所得到的分數是你的綜合分數。

62分以上→診斷 I　　　　46～61分以上→診斷 II

30～45分以上→診斷III　　29分以下→診斷IV

計分表

問 ＼ 答	A	B	C	D
1	7	3	1	
2	7	1	3	5
3	1	7	3	5
4	5	1	3	7
5	7	3	1	
6	7	1	3	5
7	3	1	7	
8	5	7	3	1
9	5	1	7	3
10	7	3	5	1

Ａ94 解說

I

你觀察男性時首先注意的是對方是否具有強烈領導能力的人。你對於凡事領導自己，為自己代勞的男性最為沉迷！如果外觀上是體型壯碩又兼具內涵的男性更無懈可擊！

II

你是很容易被帶有親切氣氛的男性所吸引的類型。個人主義的你最不擅長與要求如膠似漆的親密關係而緊追不捨的男性交往。因此，你的注意力會朝向不束縛你而帶有輕鬆氣氛的男性身上。除了能夠以朋友的感覺率性地交往的男性之外，縱然是潘安再世的男性你也不屑一顧。

III

你是幾近異常地被顯得儒弱無助的男人所吸引的類型。這是因為你比一般人具有更豐富的母性本能所造成的。因此，一旦碰到凡事必須依靠他人、帶有戀母情結的男性時就割捨不下。當然，喜歡外觀上顯得弱不禁風的人。

IV

你是觀察男人時最重視對方是否具備溫柔與包容力的類型。具有戀父情結傾向的你無形中會被和理想中的父親類似的男性所吸引。當然，所中意的目標往往是年齡方面比自己多過數歲的男性。因此，很可能有過數次的不正常戀情。

Q95 她要去何處呢？

　　有個背著蠻重的大背包，在路上行走的女孩，在你看來；你認為這女孩要到哪裡去？

　　請在A～F六個選項中擇一出來。

　A 單身旅行
　B 到朋友家過夜
　C 和情人約會旅行
　D 到辦公室加班
　E 上健身房運動
　F 回家

A95 你目前對什麼事感到有責任

此測驗可以診斷出你現在對什麼事感到有責任。

沉重的背包正裝滿著你各形各色的責任，這個責任，可由將要去的地方感覺出來。

說之為責任感或許太誇張，不如將之說成接下來「將積極參加的東西」，或者現在最「熱衷的東西」，再進一步才為「感到有負擔的東西」還較貼切些。

總之，可以確定的是你很在意這件事。

這個測驗也可檢視出現在你正在交往中的對象，是否真的愛你。

選 A 的人

你感覺現在「自立」的責任與壓力正步步逼近你，因升學、就業等理由，你要離開父母一個人生活，變成不獨立不行的狀態。現在，你因那股不知道一個人該如何面對社會現實的不安，和對於自立的那股期待感，正交互壓迫著，讓你的心中漲漲的，沉浸在自由與解放感之中。這個也想做，那個也想做，你的夢想正逐漸地在擴大。

選 B 的人

現在你覺得對「朋友關係」有很大的責任感。你或許是同伴們的領袖，常常扮演著集合眾人的角色，另外你有朋友關係上的煩惱，或想多交些朋友等，總之你現在最關心的事就是「朋友」。

如果你現在沒有如此深刻的感覺，那麼你是不是正因和朋友狂歡而玩到樂不思蜀呢？或許你在無意識中覺得只有朋友是不可以背叛的，因而感到是一種責任。

選 C 的人

你現在覺得對戀愛有責任感。在和情人的交往上，是不是正面臨最後階段了？且對方向你求婚了？對方向你正式的示愛了？或是，想要你的身體？現在二人關係的大轉機正造訪你們。

或許，因對方太過熱情，堅定不移的原故，與其說責任不如說他可能讓你覺得有「沉重負擔」的感覺。這樣一來，對精神上容易造成不好的影響，最好能早日找到減輕此負擔的方法。

選 D 的人

你現在覺得對「工作」有責任感。是否公司派任你一項重大的工作，升職到一個有重大責任的職位，或是你在

工作上正面臨巨大的轉機？另外，也可能是每天的加班使你的身體疲憊不堪，或者不只是體力上的負荷，還包括心理上壓力的堆積，才使你處於精神崩潰的邊緣也不一定。

更或者，你因有足夠的才能，所以更使你感到責任重大也說不定。

選 E 的人

你現在覺得對自己的「健康」有責任感。你是否覺得身體某部位常感到不適呢？當你在意健康時，就會開始關心有關健康方面的報導。

而且，你也有想要積極維持健康的意願，也有要將下班後的時間安排用來增加體力的打算，且漸漸地留意到要戒煙、控制飲酒，與睡眠、飲食的定時定量等，總而言之，已有意識到要愛護自己的身體了。

選 F 的人

你覺得現在對「家庭」有責任感。你應該是以家庭為主要核心，你目前的立場已變成不照顧父母不行，不煮飯、不做家事不行的狀況。

另外，你的家庭管的非常地嚴，因為有規定時限等，和朋友出來吃飯、遊玩時，都無法十分盡興。

這樣一來，本來可以愉快融洽的家庭，卻反過來讓你感到是一種「沉重的負擔」。

Q96 告訴你邀請她的方法！

　　男人邀請女人的方法

　　請回到你的小學生時代。在班會上選舉班上各種工作的負責人。你會選擇做什麼？

　　A：班長

　　B：負責照顧班上寵物的飼養員

　　C：整理書的圖書管理員

A96 解說

A 選擇班長的你

　　你應該採取積極、強勢的行動約她出來見面。也可以用正統的方法進攻，在信裡寫上自己的想法，再附上一張電影票之類的。方法雖老，卻還是很有效，趕快行動吧。

B 選擇飼養員的你

　　女孩對自己沒有的東西都會有很大的興趣。所以你要用你最拿手的東西，無論是星星，還是動物、體育等當做進攻的武器。總之，要讓她看到你致力於喜愛的事情的模樣。當她對你喜歡的事物表現出興趣，你該用少年般明亮的目光注視著她，充滿熱情地說：「咱們一起去看星星吧。」

C 選擇圖書管理員的你

　　人是非常具有群體性的動物，喜歡共同完成工作。你應利用這項原理向她進攻。當園遊會的幹事、搬運體育用品等，總之，做什麼都行，只要是和她一起做。越是需要體力的勞動，越有效果。工作結束後，約她去慶功會，席間盡心為她服務，會後送她回家。她對你一定會產生好感的。

Q97 教你捉住他的方法

女人邀請男人的方法。

你的一位女性朋友生日。如果送花的話，你會選哪種？

A：紅玫瑰花束

B：小蘭花束

C：鬱金香花束

A 97 解說

A 選擇玫瑰的你

你心裡早已有個「他」，你正默默地期待著他的邀請。你應做點事情，想辦法讓他和你搭訕。男孩對女孩的舉動反應通常都不敏感，所以你應沉著冷靜地認清自己平時的形象，然後在他面前表現出一個與平時不同的自己。

B 選擇小蘭花的你

戀愛的初期有一種親近感。

「哎？他和我很像吧！」這種微小的感受不久就昇華為愛情。因此，你應在說話、吃飯時，去迎合他的動作。他把手放在頭上，你也摸頭；他手插腰，你也手插腰；他伸手拿葡萄酒，你就喝水⋯⋯。切忌做得過火，但要尋找時機，在短時間內集中做，會有良好的效果。

C 選擇鬱金香的你

你應主動向他進攻。一般女性在見面時不會邀約男性，但你可以直截了當地說：「哎，這星期天帶我去看電影好嗎？」說的時候不能害羞地低著頭，也不能細聲細氣。要明快、果斷地說。這時對方會呆呆地、不知不覺地說：「行啊！」

Q98 做個成熟女人的六大要件

成熟的女人是什麼樣子的呢？在此將成熟女人所需的特質分六點說明：

1 成熟的女子善於撒嬌

想在喜歡的男人面前撒嬌是很自然的。雖是成熟的女人，也應善於撒嬌。

男人不喜歡在街上、電車裡手拉手或挽著胳膊（當然也有例外）。不過，在沒人看見的地方就沒有關係，這是男人的一點小心眼。平時要舉止自然，只有兩人時方可嬌嗔。

2 成熟的女人不給男人增加負擔

飯錢、飲料等約會的費用由男人來付，是一種時尚。但女人不能總是將之視為理所當然。

你應該有所準備，如果他拒絕均攤費用，你就付點兒飲料錢；下次約會時，再送他禮物，作為請吃飯的謝禮。

飯後當然要將感謝的心情溢於言表，這才是成熟的女人。

3 成熟的女人會讚美男人

「我討厭你某某毛病，你得改。」這樣講話太孩子氣。包容對方的缺點，讚美對方的優點，這才是成熟的戀愛。

有魅力的男人不例外自尊心都很強。對於工作、興趣等自己熱衷的事情都十分自豪。如果你讚美他這一點，他不會不高興的。

能適當讚美人的女人，才能強烈地吸引著男人。透過讚美，他的魅力將會熠熠生輝。

4 成熟的女人飲酒方式

有人說，酒是「戀愛的春藥」。的確，酒是成熟的戀愛不可少的道具。即使到不了春藥的程度，也是兩人之間不可或缺的。

經常在電視劇中看到女人依著男人說：「我好像醉了。」這有點叫人掃興。這可不是成熟女人的飲酒方式。

成熟的女人不醉酒、卻陶醉在當時的氣氛中，享受著和喜歡的男人在一起的情緒。她選的酒、她欣賞的背景音樂都與她的心情、她的衣著相吻合。

這樣的飲酒方式才能使兩人更加親密。

5 成熟的女人不要過分多言

希望自己喜歡的男人了解自己，這種心情可以理解，

但說得過多就會起反效果。甚至會被他看作是只考慮自己的女人。

希望對方了解自己，這一點男女皆同。成熟的女人明白這一點，聽他講話了解他的心，自己不一定要說得多。

緘口不言或許難以做到，但是如果能減少你的說話量，他對你的印象會更深刻。

6 成熟的女人會選擇約會場所

因為約會遲到而吵架是常有的事。約會不遲到是大原則，但為此而使約會告吹，則不是成熟女人的行徑。

首先，即使他遲到了，也不應怒氣沖沖。溫和地原諒他才是成熟的女人的基本儀態。

另外，約會場所應選擇容易聯絡的地方。快遲到時也要打個電話，以免讓等待的人放心地在沒有任何聯繫的狀況下等下去。

選擇咖啡館、酒吧、當然無可厚非，但選擇美術館、書店更好。美術館可以邊等邊消磨時間；在書店選本好書，也可分心。若能愉快地打發等待的時間，就不會遷怒到遲到的對方了。

Q99 愛的別離

分手技巧診斷。

世上最困難的事便是和情人平靜地分手。

因情況不同，分手方式也就不同，所以不能只靠一種方法走天下。要告訴大家的是，請你一定要充分做好準備之後，再說出分手的話。

第一問

選擇一個最適於別離的時候

A：立春   B：立春前一天

C：情人節   D：換季時

E：夏至   F：國際環保日

G：聖誕夜   H：除夕

誰是選H的傻瓜？這一問題的目的
是希望你在分手時也應考慮最佳時機。
正如結婚要選大吉的日子一樣，分手也
應該選擇特定的日子，以示決心。從心
理上講，換季時是最好的時機。季節的
變化會使思想、情緒煥然一新。

第二問

選擇一個你認為是「分手的決定性理由」。

A：傲慢的表情令人不快

B：體臭　　C：胖　　　D：禿頭

E：懷孕　　F：變態　　G：窮

H：輕浮　　I：嘮叨　　J：憂鬱

K　笨　　　L：冷漠

即使對當事人而言，有時分手的理由也不是很明確能說得出口的，但一般來說，這十二個原因是最具代表性的。下面分別加以說明：

Ａ～Ｄ 是生理上、肉體上的因素。但關於容貌，那只是交往前的重要問題，所以很難成為分手的理由。如果搬出「醜」、「胖」之類的理由來分手的話，這只是表面上的理由，而真正的原因絕對在其他方面。

Ｅ～Ｈ 有時這些事情，怪癖也會成為分手的決定性因素。但有時兩個人的關係也會因此而比以前更加緊密，這是極其微妙的感受。

Ｉ～Ｌ 戀愛是兩人心靈的交流。不管是你的白馬王子有體臭，還是與你接吻的公主露出了鼻毛，只要兩個人的心緊緊連在一起，就絲毫不會動搖。

體臭可以治療，鼻毛剪掉就不成為問題。對於容貌可以視而不見，但嘮嘮叨叨、過於憂鬱、全不能理解對方心情的愚笨、冷漠的性格，肯定會成為戀愛的障礙。

所以正確答案是Ｉ～Ｌ。

曾聽平靜分手的人說，與其說這是善用技巧，不如說是清楚地知道分手的結果。

提出分手時，即使對方已隱約查覺，也會問「爲什麼」。如果爲了不傷害對方而曖昧地說出理由，只會使談話不順利。

　　最簡潔的分手方式是「用使傷口能快快癒合的方法，恰到好處地傷害他」。這種具體方法因人而異。

　　此外，提出分手後應盡量使用交通工具，如汽車、計程車、公共汽車、船、飛機、直升機、救護車、自行車等等，迅速離開家裡，也應把對方送到車站，坐上公共汽車。

　　請注意，如果像電影那樣，慢慢走著，慢慢分手，尙存留戀的一方將會突然猛地跑回來，就會出現更多大的糾葛。

Q100 我們不能再繼續了嗎？

分手前的挽救方法

雖已提出分手，但仍充滿留戀，該怎麼辦呢？

制止分手的方法有三種，「糾纏、說服、脅迫。」

根據分手情況，使用方法也不相同。請做下面的測試題。

把下面文句中你認為正確的部分用線連接起來。

<分手的理由>
① 對方的輕浮
② 自己的輕浮
③ 因為窮而不和對方來往
④ 性格不合
⑤ 性生活不協調
⑥ 不正當性關係
⑦ 對方冷淡
⑧ 對方撒謊
⑨ 自己撒謊

A100 解說

A — ④ · ⑤ · ⑧
B — ② · ⑦ · ⑨
C — ① · ③ · ⑥

A 糾纏乞求的方法

透過糾纏而使對方收回成命，其條件僅限於「自己沒錯，而錯在對方」時，或「雙方犯錯各佔一半」的時候。

一般認為，糾纏對方的方法似乎多使用在自己有錯，而對方提出分手時，其實這是大錯特錯，絲毫沒有效果，只會使對方增強分手的心意。

只有在前面提到的兩個條件下進行糾纏，主動權才會在自己手中。4性格不合；5性生活不協調；8對方撒謊的時候，即使訴諸理性或加以強迫，都不能改變對方的心意。

B 說服的方法

自己心虛的時候，不能單靠簡單的認錯。比如因為自己的輕浮而招致分手時，就應該針對對方的思路來加以應對。

你可以用下面的思考方式：輕浮的事實→輕浮的狀況→輕浮的原因→之前兩個人的關係→順利發展時會怎樣→兩人光明的未來，向對方說之以理，把情勢扭轉過來。讓他重新思考兩人的關係，而與你重修舊好。

C 豪放豁達方能度過難關

若因1對方的輕浮而分離，拿出豪放氣魄，自然能夠制止分手。

總之要使對方充分認識到：「若在這種情況下分手，不知道今後會怎樣？」

Guide Book 312

書名	走向成功的心理測驗
編著	茂 華
文字編輯	林婉如 · 沈曼菱
美術排版	黃寶慧
內頁繪圖	沒格 · 徐世昇

發行人	陳銘民
發行所	晨星出版有限公司
	台中市 407 工業區 30 路 1 號
	TEL:(04)23595820　FAX:(04)23597123
	E-mail:service@morningstar.com.tw
	http://www.morningstar.com.tw
	行政院新聞局局版台業字第 2500 號
法律顧問	甘龍強 律師
印製	知文企業（股）公司　TEL:(04)23581803
初版	西元 1995 年 9 月 30 日
再版	西元 2004 年 10 月 15 日

總經銷	知己圖書股份有限公司
	郵政劃撥：15060393
	〈台北公司〉台北市 106 羅斯福路二段 79 號 4F 之 9
	TEL:(02)23672044　FAX:(02)23635741
	〈台中公司〉台中市 407 工業區 30 路 1 號
	TEL:(04)23595819　FAX:(04)23597123

國家圖書館出版品預行編目資料

走向成功的心理測驗：100個開發潛能的
成功訓練／茂華編著．－－再版．－－
台中市：晨星，2004〔民93〕
面；　　公分．－－（Guide book；312）

ISBN 957-455-749-9（平裝）

1. 心理測驗

179　　　　　　　　　　93016436

407
台中市工業區30路1號

晨星出版有限公司

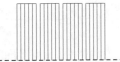

更方便的購書方式：

(1) **信用卡訂閱**　填妥「信用卡訂購單」，傳眞至本公司。
　　　　　　　或　填妥「信用卡訂購單」，郵寄至本公司。

(2) **郵政劃撥**　帳戶：知己圖書股份有限公司　帳號：15060393
　　　　　　　在通信欄中填明叢書編號、書名、定價及總金額
　　　　　　　即可。

(3) **通　　信**　填妥訂購人資料，連同支票寄回。

◉ 如需更詳細的書目，可來電或來函索取。
◉ 購買單本以上9折優待，5本以上85折優待，10本以上8折優待。
◉ 訂購3本以下如需掛號請另付掛號費30元。
◉ 服務專線：(04)23595819-231　　FAX：(04)23597123
　E-mail:itmt@morningstar.com.tw

◆讀者回函卡◆

讀者資料：

姓名：＿＿＿＿＿＿＿＿＿　　　性別：□ 男　□ 女

生日：　／　　／　　　　身分證字號：＿＿＿＿＿＿＿＿＿

地址：□□□＿＿＿＿＿＿＿＿＿＿＿＿＿＿＿＿＿＿＿＿

聯絡電話：　　　　　（公司）　　　　　　（家中）

E-mail ＿＿＿＿＿＿＿＿＿＿＿＿＿＿＿＿＿＿＿＿＿

職業：□ 學生　　　□ 教師　　　□ 內勤職員　□ 家庭主婦
　　　□ SOHO族　　□ 企業主管　□ 服務業　　□ 製造業
　　　□ 醫藥護理　□ 軍警　　　□ 資訊業　　□ 銷售業務
　　　□ 其他＿＿＿＿＿＿＿＿＿＿＿

購買書名：＿＿＿＿＿＿＿＿＿＿＿＿＿＿＿＿＿＿＿＿＿

您從哪裡得知本書：□ 書店　　□ 報紙廣告　　□ 雜誌廣告　　□ 親友介紹
□ 海報　　□ 廣播　　□ 其他：＿＿＿＿＿＿＿＿＿＿＿

您對本書評價：（請填代號 1. 非常滿意　2. 滿意　3. 尚可　4. 再改進）

封面設計＿＿＿＿＿＿版面編排＿＿＿＿＿＿內容＿＿＿＿＿＿文／譯筆＿＿＿＿＿

您的閱讀嗜好：
□ 哲學　　□ 心理學　□ 宗教　　□ 自然生態　□ 流行趨勢　□ 醫療保健
□ 財經企管　□ 史地　　□ 傳記　　□ 文學　　□ 散文　　□ 原住民
□ 小說　　□ 親子叢書　□ 休閒旅遊　□ 其他＿＿＿＿＿＿＿＿＿＿＿

信用卡訂購單（要購書的讀者請填以下資料）

書　　　名	數　量	金　額	書　　　名	數　量	金　額

□VISA　　□JCB　　□萬事達卡　　□運通卡　　□聯合信用卡

● 卡號：＿＿＿＿＿＿＿＿＿　● 信用卡有效期限：＿＿＿年＿＿＿月

● 訂購總金額：＿＿＿＿＿元　● 身分證字號：＿＿＿＿＿＿＿＿＿

● 持卡人簽名：＿＿＿＿＿＿＿（與信用卡簽名同）

● 訂購日期：＿＿＿年＿＿＿月＿＿＿日

填妥本單請直接郵寄回本社或傳真(04)23597123